AF318712

DE LA PROFESSION

D'IMPRIMEUR,

ET DES

MAÎTRES IMPRIMEURS.

A PARIS,

CHEZ P. DUFART, LIBRAIRE,

RUE DES SAINTS-PÈRES, N° 1.

DE LA PROFESSION

D'IMPRIMEUR,

DES

MAÎTRES IMPRIMEURS,

ET

DE LA NÉCESSITÉ ACTUELLE

DE DONNER A L'IMPRIMERIE

LES RÈGLEMENS PROMIS PAR LES LOIS.

A PARIS,

ÉCRIT ET IMPRIMÉ PAR G.-A. CRAPELET,

RUE DE VAUGIRARD, Nº 9.

DÉCEMBRE M. DCCC. XL.

DE LA PROFESSION
D'IMPRIMEUR
ET DES
MAÎTRES IMPRIMEURS.

DE LA PROFESSION D'IMPRIMEUR.

De l'enthousiasme des premiers imprimeurs pour l'art typographique. — De leur position dans la société. — Prérogatives dont ils jouis-. soient. — Professeurs de l'Université typographes. — Indication de quelques familles d'imprimeurs qui ont eu des personnages titrés ou revêtus de grandes charges et dignités. — Le président Hénault. — Le maréchal Fabert. — De la profession d'imprimeur. — Des anciennes institutions qui régissoient l'imprimerie. — Origine de la *Chambre syndicale.* — Présence obligée des imprimeurs aux processions de l'Université. — Anciens usages et coutumes. — *Confrérie* de Saint-Jean Porte-Latine. — Considération dont jouissoit autrefois l'impri-merie. — Protection et encouragemens que lui ont accordés les rois de France, depuis Louis xii jusqu'à Louis xvi. — Fixation du nombre des imprimeurs à Paris, en 1686. — De la grande *Col-lection des Auteurs latins in usum Delphini.* — Son exécution par plusieurs imprimeurs de Paris. — Madame Dacier l'un des princi-paux collaborateurs. — Lettres-patentes de Louis xiv, qui insti-tuent une charge d'imprimeur ordinaire du Roi dans la ville d'Amiens. — *Code de la Librairie et de l'Imprimerie.* — Jean-Baptiste Coignard, fondateur d'un prix d'éloquence latine à l'Université. — L'imprimerie cultivée par des princes et des dames de la Cour.

On l'a dit avec raison : Ne fît-on que des épingles, il faut être enthousiaste de son métier pour y exceller. L'enthousiasme a produit les mêmes effets dans tous les temps comme dans tous les genres ; et, pour ne parler que de l'imprimerie, c'est surtout aux hommes passionnés qui s'en emparèrent tout d'abord qu'elle dut ses rapides développemens, ses merveilleux résultats, et sa perfection presque native. De tous côtés on vit, presque au même moment, surgir des presses ; et rois, princes, prélats, savans, n'eurent pas assez de louanges pour ces instrumens dont la Providence sembloit leur avoir réservé à dessein le premier usage. Aussi, que de protecteurs, que d'encouragemens, de bienveillance, de distinctions, viennent chercher les premiers imprimeurs ! Les livres qu'ils produisent comme par enchantement font la joie et l'admiration de tous les lettrés, comme de tous ceux qui aspirent à le devenir. Frappées d'une soudaine clarté, les intelligences s'émeuvent ; chacun se met à l'œuvre de la réédification littéraire, et toute la rapidité de l'instrument typographique suffit à peine au nombre des travailleurs.

Mais le zèle et l'émulation des imprimeurs pourvoient à tout. Artistes et lettrés à la fois, ils surmontent habilement les premières difficultés de l'art encore renfermé dans d'étroites limites, et en peu d'années presque tous les chefs-d'œuvre de l'esprit humain, qui avoient si péniblement traversé les âges, enclos dans les manuscrits, sont à jamais préservés de la ruine qui les menaçoit.

Après les industrieux ouvriers allemands de Strasbourg et de Mayence, qui avoient formé les premiers établissemens à Paris et dans plusieurs villes de France, l'imprimerie fut surtout exercée par des hommes dominés par l'amour de l'étude et de la science, et qui, par leur savoir et leur aptitude, auroient pu prétendre aux fonctions les plus élevées de l'Église, de la magistrature ou de l'Université. Presque tous étoient gradués dans les diverses Facultés, et le titre de *maîtres* leur étoit acquis autrement que par l'autorité qu'ils avoient sur les *compagnons* qui travailloient dans leurs officines, et qui n'étoient pas eux-mêmes dénués d'instruction. En embrassant la profession d'imprimeur, ils avoient assurément d'autres vues que celles d'un intérêt de fortune, toujours fort incertaine en toute invention nouvelle, et qu'il n'est pas donné d'ailleurs à l'imprimerie de jamais réaliser. Mais la nature même de ses produits en fit, dès le principe, une profession à part, « distincte et séparée des arts méca-« niques; » et ceux qui l'exerçoient furent reconnus pour « les vrais suppôts et officiers esleus par tout le « corps de l'Université, maintenus, gardés et confir-« més en la jouissance de tous les droits, franchises,

« immunités et priviléges attribués à ladite Université;
« et, en cette qualité, la communauté des imprimeurs
« étoit franche, quitte et exempte de toutes contribu-
« tions, prêts, taxes, levées, subsides et impositions
« mises et à mettre, imposées et à imposer sur les arts et
« métiers. » Si je rappelle ces prérogatives, anéanties
comme tant d'autres, mais tant de fois mentionnées,
c'est afin de mieux faire connoître quelle devoit être la
position des imprimeurs d'autrefois parmi les différentes classes de la société. Tous ces priviléges remon-
toient à une époque bien antérieure à l'invention de
l'imprimerie. Ils avoient été accordés aux clercs-
libraires de l'Université, qui faisoient transcrire les
manuscrits, et étoient tenus de les soumettre à l'exa-
men des docteurs, avant de les exposer en vente. Mais
soit que les docteurs fussent devenus moins diligens,
ou trop faciles, l'incorrection et l'imperfection des
manuscrits alloïent toujours croissant, et l'imprimerie
vint à propos pour réchauffer leur zèle, par la variété
et le nombre de ses productions. Les imprimeurs se
trouvèrent tout naturellement au lieu et place des
libraires-écrivains, et appelés à jouir des mêmes avantages. Ces priviléges furent successivement augmentés
jusqu'à l'édit de 1686. Les imprimeurs n'étoient soumis à aucune des charges de la cité, comme de garder

ses portes, de faire le service du guet, de loger les gens de guerre, d'allumer les chandelles des lanternes, de payer les octrois ou tous nouveaux impôts. Ils avoient même été exemptés, par arrêt du conseil d'État et par Lettres-patentes de Henri iv, de payer les droits qui souffroient le moins d'exception, ceux de confirmation de priviléges à chaque nouvel avénement.

On rangera sans doute aujourd'hui toutes ces exemptions des charges publiques en faveur de la communauté des imprimeurs, au nombre des anciens abus de l'administration monarchique; mais du moins l'abus qui favorisoit si puissamment l'exercice paisible d'un art qui étoit alors regardé comme *le premier et le plus utile de tous les arts*, n'étoit pas des plus dangereux pour la société, ni des plus onéreux à l'État. Cette situation des imprimeurs leur permettoit d'ailleurs de se livrer en pleine sécurité à l'exercice de leur profession, en laissant à des hommes laborieux, comme ils l'étoient presque tous, avec la tranquillité de l'esprit, l'entier usage de leur temps.

On ne peut disconvenir toutefois que les imprimeurs n'aient suffisamment justifié les faveurs et les distinctions que leur accorda, pendant près de trois siècles, l'autorité royale, universitaire, judiciaire et administrative, sans qu'il en coûtât rien au trésor. Dans notre civilisation perfectionnée, les choses ne se font pas de la même manière; mais, sous d'autres noms et sous d'autres formes, on cherche à atteindre le même but. Seulement les faveurs et subventions législatives sont accordées à de plus jeunes industries; l'imprimerie est trop vieille et trop malheureuse pour qu'on s'occupe d'elle. Assurément l'industrie sucrière indigène, quelle que soit l'importance et l'utilité générale de ses produits, ne peut être mise en parallèle avec l'industrie typographique, quant aux services rendus ou à rendre au pays : cependant, pour la développer, la propager, l'attacher au sol, ses fabricans se seroient peu contentés d'être affranchis du service de la garde nationale, de l'impôt de la patente, ou de quelques droits d'octroi; il leur a fallu des millions de primes et d'encouragemens.

Ce n'est pas avec de tels capitaux que nos premiers imprimeurs du xve siècle, et ceux du xvie, ont élevé la typographie française à un degré de supériorité qui n'a été dépassé dans aucun pays; et ce n'est pas là un de leurs moindres mérites. Je suis même persuadé que des moyens pécuniaires très étendus, entre leurs mains, n'auroient pas produit les mêmes résultats, ou plutôt qu'ils en auroient eu de très déplorables pour la véritable science typographique. Mais ils étoient riches de

zèle, d'activité, d'intelligence, et d'un vif attachement
à une profession qu'ils confondoient, dans leurs travaux, avec le culte des lettres. C'est ce qui fit que les
hommes les plus savans dans les langues, les professeurs les plus renommés de l'Université et du Collége
de France, cultivèrent l'imprimerie avec tant de distinction. C'est parce qu'elle s'est trouvée placée dans ces
habiles mains, que l'imprimerie a exercé une influence
aussi rapide que décisive sur les progrès de la langue
et de la littérature; et les noms de Josse Bade, de
Gourmont, de Gromors, de Colines, des Estienne,
de Tory, des Morel, de Vascosan, de Néobar, de Tile-
tan, de Turnèbe, de Patisson, attestent l'alliance de
l'art et de la science typographique et littéraire à son
plus-haut période. Il faudroit un volume pour énumé-
rer les titres d'ouvrages en tous genres qui sont dus aux
imprimeurs du xvie siècle. La seule famille des Estienne,
l'éternel honneur de la typographie française, qu'elle
a pratiquée pendant cent soixante ans, a produit des
théologiens, des grammairiens, des commentateurs,
des poètes grecs, latins et français; des traducteurs,
des critiques, des historiens, des antiquaires, des ju-
risconsultes, des médecins. La dernière descendante
en ligne directe de Robert Estienne 1er, Anne-Cathe-
rine, issue de la branche de Robert ii, avoit épousé,

en 1758, Claude-Louis de Liancourt, marquis d'Escagnel, et vivoit encore en 1763.

Une telle alliance fait assez connoître la considération dont jouissoit autrefois l'imprimerie, car la fortune y avoit peu de part; et ce n'est pas là un fait isolé, accidentel, car on trouveroit beaucoup de personnages titrés, ou revêtus de grandes charges et de dignités, qui appartenoient à des familles d'imprimeurs-libraires. J'en rapporterai seulement quelques exemples.

Philibert Orry, contrôleur-général des finances sous Louis xv, et Louis Orry de Fulvy, intendant des finances, son frère, descendoient de Marc Orry, imprimeur-libraire en 1588; et ils avoient tous deux conservé dans leurs armoiries la marque typographique de leur auteur, qui étoit un lion rampant, avec la devise : *Ad astra per aspera virtus.*

Jean-François Hénault, président au Parlement, surintendant des finances de la Reine, l'auteur de l'*Abrégé chronologique de l'Histoire de France*, étoit arrière-petit-fils de Mathurin Hénault, imprimeur-libraire de 1618 à 1633. Le père du président étoit fermier-général, et son grand-père, Jean Hénault, avoit été reçu libraire le 15 mai 1659.

La famille Le Mercier, qui exerçoit l'imprimerie et la librairie à Paris depuis 1589, fut une des plus considérées et des plus prospères de la communauté. Le dernier imprimeur de ce nom, Pierre-Gilles Le Mercier, avoit été cinquante ans imprimeur. Sa veuve, fille de Rondet, libraire de Lyon, conduisit l'imprimerie jusqu'en 1786, époque de sa mort ; et elle eut pour gendre le comte de Messimy, procureur-général au Parlement de Dombes, et pour petit-gendre le comte de Romanet.

L'auteur du *Traité des pierres antiques gravées du cabinet du Roi*, Pierre-Jean Mariette, qui a laissé un nom célèbre dans la science et la curiosité, exerça l'imprimerie depuis 1722 jusqu'en 1750. Il fut ensuite secrétaire du Roi, contrôleur-général en la grande chancellerie de France, et reçut le titre de membre honoraire de l'Académie de Florence.

Dans les fastes militaires de la France, il y a un nom qui réveille le souvenir de toutes les vertus guerrières : c'est celui de Fabert, qui de simple soldat parvint à la dignité de maréchal de France. L'élévation de ses sentimens et sa modestie lui firent refuser le collier des ordres que lui offroit Louis XIV, parce qu'il n'auroit pu produire les titres voulus. Il n'en avoit pas d'autres en effet que ceux qu'il tenoit de son grand-père et de son père, tous deux imprimeurs du duc de Lorraine, Charles III, qui les avoit anoblis. Le père du maréchal, Abraham Fabert, qui possédoit une imprimerie particulière à Metz, a publié plusieurs ouvrages qui sont cités pour leur belle exécution typographique. Il fut élu échevin de la ville de Metz en 1610, et quatre fois réélu. Il reçut le cordon de Saint-Michel en 1630. Ces titres, ces charges, ces distinctions pouvoient être insuffisantes pour que son fils Fabert, maréchal de France, portât sur son manteau la croix des ordres, mais le nom de Fabert restera toujours comme un titre de noblesse pour la typographie.

Quoi qu'il en soit, la profession d'imprimeur est bien différente de ce qu'elle étoit autrefois, sous le rapport de l'estime et de la considération qui y étoient attachées. Le corps des imprimeurs est bien déchu du rang qu'il occupoit. Il n'est peut-être pas inutile de rechercher les causes de ces changemens, et ce qu'il faut attribuer, soit au cours du temps et des révolutions, soit aux imprimeurs eux-mêmes, dans la perte de leurs plus précieux avantages, je ne veux pas dire leurs priviléges, mais cette bonne renommée typographique et commerciale qui planoit sur toute la communauté.

Cette renommée avoit été laborieusement acquise pendant trois siècles, et recueillie par des familles honorables qui exerçoient modestement l'imprimerie, comme on exerce une charge, un office. Dans tous les temps, sous tous les règnes, quelles que fussent d'ailleurs les mesures administratives jugées nécessaires pour arrêter ou réprimer les abus, on voyoit dans les lois, les ordonnances ou les règlemens rendus sur l'imprimerie, des preuves fréquentes de l'intérêt et de la sollicitude du prince et de ses ministres pour favoriser les progrès et la perfection de l'art. On descendoit jusqu'aux moindres détails pour que le service public fût convenablement assuré sous le rapport de la correction, des caractères, de l'encre, du papier et du prix des livres, et pour que l'exercice de la profession fût remis à des hommes instruits et capables. C'étoit là surtout la plus belle part des attributions universitaires ; et c'est à ce patronage littéraire de l'Université que l'imprimerie a dû son principal relief. Pendant plus d'un siècle elle n'eut pas d'autre juridiction, et tant que dura la ferveur des lettres anciennes on ne pensa pas à l'en distraire. La surveillance du corps étoit confiée à quatre grands jurés, libraires-imprimeurs, choisis par l'Université entre les vingt-quatre jurés qui étoient les seuls reconnus suppôts et officiers de l'Université, après qu'ils avoient prêté serment au recteur. Les principales fonctions de ces quatre grands jurés étoient de veiller à ce que les livres fussent bien et correctement imprimés, et les règlemens fidèlement observés. Quelques troubles excités parmi les ouvriers imprimeurs au sujet de l'édit de Charles IX concernant l'imprimerie, en 1571, amenèrent un changement dans cette institution; et ce fut aux maîtres imprimeurs eux-mêmes que l'autorité judiciaire eut recours pour surveiller l'exécution de l'ordonnance du Roi, et informer contre ceux qui refuseroient d'obéir. Étrange diversité des temps et des esprits! En vain, depuis plus de quarante ans, les imprimeurs réclament de l'autorité des règlemens qui reconstituent leur communauté abattue ; et sous Charles IX, pour lui donner plus de force et d'action, c'est le sage L'Hospital qui provoque l'*élection* d'un syndic, chargé d'assister les quatre jurés dans leurs fonctions. Ce fut là l'origine de la *Chambre syndicale*. On commença à donner aux quatre grands jurés le nom de *gardes de la librairie et de l'imprimerie*, et le 17 juillet 1618, le premier syndicat fut constitué en présence de Henri de Mesmes, conseiller du Roi en ses conseils d'État et privé, et lieutenant civil de la ville et prévôté de Paris. Le *syndic*, et les quatre gardes de la librairie et imprimerie, nommés dès lors *adjoints*, furent maintenus dans l'exercice de leur charge. Cette organisation définitive de l'imprimerie, puisqu'elle n'a cédé

qu'à l'orage révolutionnaire de 1789, donna une nouvelle et plus forte consistance à la communauté; et,
sans cesser d'être l'affiliée de l'Université, elle sut garder un esprit d'ordre et de conduite qui donna toute
sécurité à l'autorité administrative, et lui valut son appui. On peut dire que, depuis l'établissement du syndicat, l'imprimerie se gouverna elle-même; mais elle sut
le faire avec intelligence, équité, modération et fermeté.

En effet, quoique l'Université eût beaucoup perdu
de son pouvoir, les imprimeurs ne continuèrent pas
moins à se maintenir en quelque sorte sous sa dépen-
dance, et l'autorité se trouva d'accord, dans ses règlemens, pour que la communauté ressentît toujours
l'utile influence du corps universitaire. Ainsi, indépendamment des examens et du serment qui étoient
exigés des aspirans par devant le recteur, la communauté des libraires et imprimeurs, représentée par
douze de ses membres, étoit tenue, par arrêt du conseil privé du Roi, d'assister à toutes les processions de
l'Université. Les mandemens du recteur pour ces processions étoient adressés aux syndic et adjoints, et dans
l'église on appeloit à haute voix, à leur rang, les
libraires et imprimeurs, pour assister à la cérémonie [1].

---

[1] En 1811, un peu plus d'un an seulement après le décret impérial
qui avoit fixé le nombre des imprimeurs à Paris, et promis des règle-

Chaque année, à la fête de la Purification de la Vierge, les syndic et adjoints en charge alloient présenter au recteur, comme à leur suzerain, un cierge de cire blanche du poids d'une livre. Ces coutumes, si loin de nos mœurs affranchies, contribuoient à entretenir l'esprit de corps parmi les membres de la communauté, aussi bien que le souvenir et le respect des anciennes attributions de l'Université. D'autres liens, sanctifiés par la religion, les unissoient encore : c'étoient ceux de la *confrérie* instituée sous l'invocation de saint Jean Porte-Latine [1]. Elle avoit pour but de distribuer

---

mens qui sont encore attendus; je fus assez surpris de recevoir du trésorier de la fabrique de l'église Saint-Severin une lettre, par laquelle il m'informoit que messieurs les curé et marguilliers avoient cru devoir choisir, cette année, parmi les *notables* de la paroisse, la *classe des imprimeurs* pour porter les cordons du dais, et qu'il espéroit me voir répondre à l'invitation de porter l'un desdits cordons à la procession solennelle du Saint-Sacrement, le jour de la Fête-Dieu, dimanche 16 juin 1811. La lettre est signée *Buchère*. Quoique je fusse encore bien jeune (vingt-deux ans) pour représenter dans une aussi imposante cérémonie, et que des écoliers de la République et de l'Empire eussent peu l'habitude des processions, je regardai cette circonstance comme un retour à des coutumes qui n'avoient rien que d'honorable pour l'imprimerie, et à une pensée de communauté des plus utiles à ses intérêts; j'acceptai la mission par esprit de corps.

[1] C'est le saint reconnu pour le patron des imprimeurs. La célébration de sa fête est placée au 6 mai.

des secours, des aumônes, d'assister les ouvriers de la
communauté infirmes ou sans ouvrage, aussi bien que
les maîtres ou veuves tombés dans le malheur, et d'at-
tirer les bénédictions de Dieu sur les familles et les entreprises du commerce de la communauté. Les confréries ont disparu, et l'on ne peut pas dire que les affaires
de l'imprimerie et de la librairie en aient été plus prospères. Mais comme l'humanité ne peut jamais perdre
ses droits, les confréries ont été remplacées par des
associations de secours mutuel, non pas entre les maîtres, mais entre les ouvriers ; et ce n'est pas là un des
indices les moins affligeans de l'état de dépérissement
où l'imprimerie a été réduite ; aucune profession n'a
éprouvé en effet de plus tristes vicissitudes.

Comme l'imprimerie proprement dite n'a jamais été
et ne sera jamais, nous ne saurions trop le répéter,
une carrière ouverte à la fortune, c'est surtout à des
causes morales qu'il faut attribuer la modeste prospérité et le rang honorable dont elle jouissoit autrefois
parmi les autres corps de commerce. L'estime et l'attachement que les imprimeurs avoient pour leur profession se perpétuoient dans les familles avec la tradi-
tion des actes et des noms célèbres qui rehaussoient
l'honneur et le mérite de l'art, et ils sont en grand
nombre dans les annales typographiques. Mais comme

les personnes et les faits sont aujourd'hui presque complétement oubliés, nous en citerons quelques-uns qui ne doivent pas rester ignorés des imprimeurs, ni même des gens de lettres.

C'est Louis xii qui proclame par son édit de 1513 la divine origine de l'invention de l'imprimerie, et qui la place sous la sauvegarde de l'Université.

C'est François 1er qui dote l'imprimerie des plus parfaits caractères grecs et hébreux, et qui couvre de sa protection et de sa bienveillance la personne et les travaux de Robert Estienne, son royal imprimeur.

C'est Henri ii qui crée la charge d'imprimeur-noteur de la chapelle du Roi, en faveur de Robert Ballard, breveté pour l'impression de sa musique, en 1551; et l'un des premiers musiciens-compositeurs du temps, le plus habile joueur de luth et de guitare, Adrien Le Roy, devient un très habile imprimeur de musique, et s'associe à Ballard pour surmonter les difficultés de ce genre d'impression, dont les progrès ont été le plus tardifs.

Comme ses prédécesseurs, ce prince attache son nom à des Lettres-patentes datées du 23 septembre 1553, qui témoignent de sa haute estime pour l'imprimerie, exprimée en ces termes : « HENRY : Nous, due-
« ment advertis du profit et émolument qu'apporte en

« nostre royaume et à nos sujets l'art de l'imprimerie...
« Qu'aussi, pour le grand bien, commodité et proffit
« que prennent de l'impression des livres tous les gens
« de lettres, et singulièrement les supposts et escoliers
« de noz Universitez : pour ces considérations, et aussi
« pour le grand et louable artifice qu'il y a au fait de
« l'imprimerie, par laquelle est conservée et perpétuée
« la mémoire de toutes les choses ; noz prédécesseurs
« desirans entretenir, accroistre et augmenter l'art
« d'icelle imprimerie, pour le grand fruit qu'elle ap-
« porte, l'auroient non seulement privilégiée, affran-
« chie et exemptée de touz tribus, peages, impositions
« et subsides, mais les Escrivains et Imprimeurs, et
« toutes autres personnes nécessaires et requises pour
« ledit art, composition et fait de ladite imprimerie,
« avons ordonné lesdits livres écrits ou imprimez estre
« et demeurer exempts des droits, etc. »

C'est Henri III qui se plaît dans des entretiens fami-
liers avec Henri Estienne, le prodigieux imprimeur ; et,
à la demande de ce prince, notre Estienne publie un
recueil de Lettres cicéroniennes pour soutenir l'honneur des savans français contre les prétentions des savans étrangers.

Henri IV, dans des lettres pleines de bienveillance,
donnoit de fréquens témoignages de sa faveur et de sa

protection à Jean de Tournes, imprimeur du Roi à Lyon.

Sous Louis XIII, le commerce de la librairie prend un grand développement. Les abus, toujours prêts à saisir l'occasion, commencent à inquiéter la communauté. En 1614, cent neuf imprimeurs et libraires de Paris prennent une résolution par laquelle ils s'engagent « à défendre par toutes les voies légales les droits « et priviléges de leur état, et à empêcher les entre- « prises et usurpations que l'on y faisoit journellement. » Quatre ans après, la Chambre syndicale étoit instituée par Lettres-patentes de Louis XIII.

En 1619, sur la demande du clergé, qui projetoit une édition des Pères grecs, Louis XIII ordonne qu'il seroit payé de ses deniers une somme de 3000 livres, pour retirer de Genève les matrices grecques de Garamont, que les malheurs du temps y avoient fait passer avec Robert Estienne. Son petit-fils, Paul Estienne, imprimeur, est chargé de cette mission, et il rapporte les matrices en France.

En 1625, c'est-à-dire soixante ans après l'établissement des juges et consuls du commerce, la communauté est représentée pour la première fois à la juridiction consulaire, non toutefois, et avec raison, par un imprimeur, mais par un libraire, Michel III Sonnius, qui exerçoit avec honneur le commerce de la librairie depuis quarante ans.

Dès l'année 1620, Louis XIII avoit créé *deux imprimeurs ordinaires du Roi*, chargés d'imprimer exclusivement les édits, ordonnances, déclarations, etc. Ces imprimeurs étoient commensaux de la maison du Roi, au titre d'officiers, avec appointemens de 300 livres. Quatre autres charges d'imprimeurs ordinaires du Roi, avec les mêmes prérogatives, furent créées postérieurement; et, comme les deux premières, elles étoient principalement destinées à récompenser les imprimeurs qui s'étoient conduits avec honneur et distinction dans leur corps.

Louis XIII ne se contenta pas d'affranchir la librairie et l'imprimerie de toute espèce d'impôts, il voulut encore l'honorer de sa protection et l'aider de ses finances, dans la grande entreprise qui se fit sous le ministère du cardinal de Richelieu. Ce ministre réunit lui-même une compagnie de libraires pour faire imprimer ces belles éditions des livres d'église, en rouge et noir, qui servent à l'office divin, et qui ont été répandus non seulement dans le royaume, mais aussi dans toute la Chrétienté.

L'Académie française, qui avoit été instituée en 1634, avoit tenu plusieurs assemblées chez Jean Camusat, imprimeur-libraire, avant que d'être installée au Louvre. Cet imprimeur, estimé pour l'un des plus habiles de son temps, avoit la réputation, selon quelques écrivains, de ne pas imprimer de mauvais ouvrages, et, selon d'autres, de n'en imprimer que de très bons, ce qui paroît un peu plus hasardé. Toutefois l'Académie le choisit pour son imprimeur-libraire, et plusieurs fois elle le chargea de faire des complimens ou des remerciemens, ce dont il s'acquittoit toujours avec esprit et habileté. « C'est le seul libraire, sans doute, dit M. Villenave, dans la *Biographie universelle*, par l'organe duquel un corps littéraire ait cru pouvoir s'expliquer dignement lorsqu'il ne le faisoit pas lui-même. » A sa mort, arrivée en 1639, l'Académie prit un arrêté pour lui faire un service funèbre, auquel la Compagnie assista en corps. C'étoit le second service que l'Académie faisoit célébrer. Elle ajouta à cet honneur celui d'une bonne action en mémoire de son premier imprimeur : ce fut d'oser exprimer un refus au cardinal de Richelieu son fondateur, et de conserver à la veuve de Camusat la charge et le titre d'imprimeur-libraire de l'Académie, que le cardinal désiroit donner à Cramoisy.

L'année 1640 fut celle de l'établissement du matériel de l'Imprimerie royale au Louvre, non pour faire concurrence aux imprimeurs particuliers, ou les dépouiller de la majeure partie de leurs travaux profitables, mais dans la pensée vraiment royale, dans la pensée de François 1er, d'exécuter avec la dernière perfection, et avec une magnificence monumentale, des ouvrages utiles aux sciences et aux arts, dont les dépenses eussent été onéreuses aux imprimeries particulières ; et, selon les vues de Richelieu, pour propager l'étude et la connoissance des langues orientales, dans le double intérêt des missions et du commerce. Sébastien Cramoisy, deuxième du nom, fut le premier directeur de l'Imprimerie royale. Son petit-fils Sébastien-Mabre Cramoisy en fut le second, et successivement tous ceux qui furent placés à la tête de l'établissement avoient fait partie du corps des imprimeurs. De nos jours, c'est l'Académie française qui fournit un directeur à l'Imprimerie royale, sans doute pour honorer la mémoire de Richelieu dans ses deux titres de fondateur de l'Académie française et de l'Imprimerie royale ; mais si c'est une combinaison, elle surpasse toutes les formes d'éloge dont le grand cardinal a été le sujet obligé, et elle l'étonneroit sans doute beaucoup lui-même.

Lorsque s'ouvre le règne de Louis XIV, le 14 mai 1643, c'est Antoine Vitré, le magnifique typographe, qui est syndic de la communauté. Imprimeur ordinaire du Roi pour les langues orientales, de la Reine-régente, du clergé de France, consul, directeur de l'Hôpital-général, il a été comblé, pendant un exercice de soixante-quatre ans, de tous les honneurs et distinctions qui pouvoient faire diversion à ses lourds et pénibles travaux, mais non le dédommager des sacrifices qu'ils imposèrent à sa fortune. On ne peut se faire une idée de toutes les difficultés, les tracasseries, les débats, les injustes procédures auxquels il fut en butte pendant et après l'impression colossale de la *Bible polyglotte* de Le Jay, en 10 volumes in-fol., qui furent dix-sept ans sous presse, de 1628 à 1645 ; labeur d'une exécution admirable et prodigieuse, et qui atteste chez l'imprimeur qui avoit osé l'entreprendre une grande énergie de volonté, et un amour incomparable de l'art [1].

---

[1] Vitré fut cependant accusé d'avoir détruit avant sa mort tous les poinçons, matrices et caractères orientaux qui avoient servi à l'impression de cette Bible, dans l'intention, disoit-on, d'empêcher qu'on ne pût jamais en entreprendre une autre semblable. On ne pouvoit rien imaginer de plus absurde, lorsqu'il étoit de notoriété que l'entreprise avoit presque ruiné son auteur, qui avoit possédé une grande fortune, et fort obéré son imprimeur. Mais cette imputation n'a pas cessé d'être reproduite par une foule d'écrivains qui l'ont trouvée chez nos

Après cette immense production, l'imprimerie paroît comme épuisée. Vitré ne se décourage pas; mais
autour de lui les presses commencent à déchoir. Le
relâchement de l'autorité affoiblie par les guerres ci-
viles, l'inobservance des règlemens, la licence qui en
est la suite, l'accroissement du commerce des livres,
ravivé par une littérature toute radieuse de jeunesse et
de beauté, la librairie et l'imprimerie envahies par des
gens ignorans et incapables, de graves abus survenus
dans les ateliers, nécessitent de nouveaux règlemens

---

anciens historiens de l'imprimerie, mal informés, et fort sujets à
prévention en tout ce qui touchoit aux choses de religion. Cependant il a été démontré jusqu'à l'évidence par de Guignes, dans son
*Essai historique sur l'Origine des caractères orientaux de l'Impri-
merie royale,* publié en 1787, que Vitré n'a rien détruit des types
orientaux, puisque les poinçons et les matrices furent retrouvés chez
cet imprimeur après son décès, qu'ils furent déposés d'abord à la
Bibliothèque du Roi, puis remis à l'Imprimerie royale en 1691. Il
appartenoit au digne savant qui a le mieux discouru des *origines de
l'imprimerie,* de prononcer en dernier ressort sur la nature des faits
injustement reprochés à Antoine Vitré, et c'est dans la *Biographie
universelle* qu'il faut en chercher l'appréciation, que M. Daunou
résume en ces termes : « Vitré n'a pas détruit les caractères orien-
« taux, il n'en a jamais conçu la pensée ; et c'est avec une légèreté
« inconcevable qu'on a flétri, par cette imputation odieuse, la mé-
« moire de l'un des hommes qui ont le plus honoré la typographie
« française. » (Cette note étoit écrite avant la mort de M. Daunou.)

pour prévenir de plus grands désordres; et Louis XIV, qui entend qu'aucune gloire ne soit perdue pour la France, dans l'intention de remettre le *plus beau et le plus utile de tous les arts en son lustre,* et après que plusieurs des plus intelligens imprimeurs et libraires de la bonne ville de Paris ont été entendus, rend l'édit de 1649, qui fixe les réceptions à un seul imprimeur-libraire par année, et limite le nombre des apprentis.

Cet édit est suivi, pendant tout le cours du règne, d'autres édits, d'arrêts du conseil et du Parlement, qui attestent la sollicitude de l'autorité pour les intérêts de la communauté, aussi bien que pour l'ordre et la sécurité publique. Dès 1653, tous les priviléges d'impressions doivent être enregistrés à la Chambre syndicale, pour être valables. En 1672, il est créé un directeur de l'imprimerie et de la librairie, qui relève du chancelier de France. Cependant le nombre des imprimeurs augmentoit toujours [1]; et comme le Gouvernement ne jugeoit pas alors qu'une concurrence sans bornes et sans frein fût une source de prospérité pour l'industrie

---

[1] En 1667, il y avoit quatre-vingt-six imprimeurs à Paris, et il en fut supprimé treize par arrêt du conseil du 17 février de cette même année; arrêt fondé sur les motifs que dans ce nombre de quatre-vingt-six imprimeurs la plupart étoient incapables de leur profession, et dans une fort grande nécessité.

et le commerce, l'édit de 1686 fixa à trente-six le nombre des imprimeurs à Paris, sans qu'il en pût être reçu de nouveaux jusqu'à ce qu'ils fussent réduits à ce nombre. Dans les mêmes vues, et par un autre édit de la même année, enregistré au Parlement, la communauté des maîtres relieurs et doreurs « est et demeure entièrement distincte et séparée de la communauté des libraires et imprimeurs, sans que, pour quelque cause et prétexte que ce soit, ces deux communautés puissent être unies et incorporées, *ni entreprendre l'une sur l'autre.* »

En même temps que Louis xiv présidoit avec tant de vigilance à l'administration de l'imprimerie et de la librairie, il ne perdoit pas de vue ce que l'art typographique pouvoit ajouter à l'éclat et à la grandeur de son règne. Pendant plus de soixante ans, les presses royales du Louvre furent consacrées à élever un de ces monumens qui caractérisent une époque, et qui rappellent, dans un autre ordre, ceux des temps antiques par leur magnificence et leurs proportions gigantesques : je veux dire la *Collection Bysantine,* grand in-folio, grec et latin, avec notes et additions, dont trente-cinq volumes apparurent de 1648 à 1711.

Ce grand Roi voulut aussi que l'exécution d'un autre monument typographique fût laissée aux presses parti-

culières de la capitale, pour vivifier leurs travaux ra-
lentis par les calamités de la guerre, exciter une noble
rivalité entre les imprimeurs, et entretenir les libraires
dans le goût des entreprises honorables au pays. Dans
ces vues utiles et généreuses, qui présidoient (il faut
le noter à l'encontre des détracteurs de Louis XIV) à
tous les autres grands travaux commandés par ce Roi,
l'impression de la *Collection des auteurs latins in usum
Delphini* fut confiée aux soins de Frédéric 1er Léonard,
imprimeur ordinaire du Roi, sous la direction du duc
de Montausier. Cet imprimeur reçut des lettres de
privilége pour vingt ans, et plusieurs des principaux
imprimeurs de Paris partagèrent avec lui l'exécution
de ce grand labeur, tels que François Muguet, imprimeur du Roi et du clergé ; Pierre Le Petit, imprimeur
de l'Académie française ; la veuve de Claude Thiboust,
et Pierre Esclassan, imprimeur de l'Université ; Denys
Thierry ; Antoine Lambin, imprimeur de la Prévôté de
l'Hôtel ; Lambert Roulland, imprimeur de la Reine, etc. ;
et les auteurs, aussi bien que les libraires, reçurent de
la munificence du Roi d'honorables gratifications.

Une si vaste entreprise typographique n'avoit pas
été conçue dans le seul but de servir à l'éducation du
Dauphin, mais aussi dans des vues d'utilité publique et
littéraire, qui sont consignées en ces termes dans le

Privilége des *OEuvres de Boëce* : « Ne voulant rien
« oublier de tout ce qui peut contribuer à la bonne
« éducation de nostre très-cher et très-amé fils le
« DAUPHIN, et considérant que son avancement dans
« l'étude des bonnes lettres en fait une partie, nous
« avons jugé que rien ne luy seroit plus utile pour
« cela que de luy faciliter la lecture et l'intelligence
« des anciens auteurs de la langue latine, par des
« moyens plus prompts et plus commodes que ceux
« dont on s'est servy jusques icy ; et nous nous sommes
« d'autant plus portés à l'exécution de ce dessein, que
« nous avons compris en mesme temps que le public
« en recevroit beaucoup d'avantage. Ainsi, nous avons
« jetté les yeux sur plusieurs personnes sçavantes, tant
« de nostre royaume que des pays étrangers, pour
« travailler sur ces anciens auteurs de la langue la-
« tine, y faisant des notes et des explications qui pus-
« sent en donner l'intelligence sans avoir besoin d'au-
« tres commentaires ; et dans la distribution qui a esté
« faite de ce travail, nous avons chargé le sieur CALLY,
« professeur royal d'éloquence et de philosophie, et
« principal du Collége des Arts en l'Université de
« Caen, des *OEuvres de Boëce, touchant la Consola-*
« *tion de la Philosophie,* dont il s'est acquitté à nostre
« satisfaction, etc. »

Chacun des quarante ouvrages de la Collection est précédé d'une épître dédicatoire au Dauphin, où la reconnoissance des gens de lettres, et la louange au Roi et au Dauphin, revêtent toutes les formes et tous les artifices de la latinité la plus raffinée. Qu'en reste-t-il aujourd'hui ? La reconnoissance est tenue pour adulation, la louange est contestée ; la langue latine ne s'écrit guère et est peu comprise : mais le monument typographique reste debout, pour attester ce que les lettres et l'imprimerie doivent à la munificence de Louis XIV ! [1]

Ce Prince ne montra pas moins d'estime pour les imprimeurs que pour l'art typographique lui-même. Une

---

[1] Le plus remarquable des collaborateurs de cette collection, qu'on appeloit les *Interprètes Dauphins*, est sans contredit la femme qui a écrit en latin les commentaires et les notes des éditions de *Florus*, de *Dictys*, d'*Aurelius Victor* et d'*Eutrope*. Elle se nommoit dans ses livres *Anna Tanaquilli Fabri filia*, Anne, fille de Tannegui Le Fèvre. Elle avoit appris le latin à la dérobée, en assistant aux leçons que son père donnoit à son jeune frère, et elle devint la célèbre madame Dacier, en 1683. Quelques années auparavant, le duc de Montausier avoit admis André Dacier, le condisciple et futur mari d'Anne Le Fèvre, au nombre des savans chargés de commenter et d'interpréter les auteurs de la Collection du Dauphin. Dans son épître dédicatoire à ce jeune prince, mademoiselle Anne Le Fèvre l'appeloit les « délices du monde », *tc, totius orbis delicias*.

occasion s'étoit offerte de témoigner sa satisfaction particulière pour la fidélité, le zèle et le bon esprit dont le corps des imprimeurs avoit donné souvent des preuves pendant les troubles de Paris; et ce fut Pierre Rocolet, syndic de la communauté, qui reçut une médaille à l'effigie du Roi, accompagnée d'une chaîne en or, « afin que la portant et conservant, dit la lettre signée de la main du Roi, ses enfans fussent conviés à l'imiter, et les autres excités à se rendre dignes de ses autres gratifications. »

C'étoit dans la même intention de soutenir l'éclat et la réputation de l'imprimerie française, et d'entretenir l'émulation des imprimeurs, que le même roi Louis XIV instituoit des imprimeurs royaux par des Lettres-patentes ainsi conçues et motivées [1] :

« Louis, par la grâce de Dieu, Roy de France et de
« Navarre, à tous ceux qui ces présentes Lettres ver-
« ront, Salut :

« Sçavoir faisons que pour le bon et louable rapport
« quy nous a esté fait de la personne de Gislain Le-
« bel, et pour la pleine confiance, loïauté, suffisance

---

[1] Ces Lettres-patentes sont extraites du 73ᵉ *Registre aux Délibérations de l'Eschevinage de la ville d'Amiens*, f° 43 v°, et 44 r°. Je les dois à l'obligeante correspondance de M. Dusevel, d'Amiens.

« et expérience que s'est acquise en l'art d'imprimerie
« et librairie, dont il a fait apprentissage quatre ans
« entiers et consécutifs en nostre ville de Paris, chez
« François Muguet, nostre imprimeur ordinaire,
« avant lequel temps *il auroit fait touttes ses humani-*
« *tés et son cours de philosophie,* lesquelles raisons
« auroient obligées les Premier et Eschevins de nostre
« ville d'Amiens de luy accorder la permission d'y
« exercer l'art d'imprimerie et d'y tenir boutique de
« libraire, son establissement estant mesme advanta-
« geux à nostre ville d'Amiens, comme le tesmoingne
« le sieur Lucas de Demain, nostre Conseiller et Sub-
« délégué à l'Intendance de nostre province de Picar-
« die, etc. ;

« Pour ces causes, et sur l'espérance que nous avons
« que ledit Lebel saura bien et dilligemment s'acquit-
« ter de ce quy luy sera commis et ordonné pour nostre
« service, nous lui avons donné et octroié, donnons
« et octroions par ces présentes, signées de nostre
« main, *la Charge de nostre Imprimeur et Libraire*
« *ordinaire en nostre dite ville d'Amiens,* pour en
« jouir et user par ledit Lebel en nostre dite ville, aux
« honneurs, autorité, prérogatives, prééminences,
« privilége, franchises, libertés et droits accoustumés
« appartenans à ladite Charge, selon et ainsy qu'en

« jouissent nos autres Imprimeurs de nostre Roïaulme,
« tant qu'il nous plaira.

« Donné à Saint-Germain en Laye, le sixiesme jour
« de mars l'an de grâce mil six cens soixante onze, de
« nostre regne le vingt huitiesme.

« *Ainsy signé*, LOUIS. »

Après Louis xiv, le duc Philippe d'Orléans, régent,
ne sépare pas la typographie de son goût pour les arts.
Il fait imprimer à ses frais une édition des *Amours de
Daphnis et Chloé*, traduction d'Amyot; et c'est d'après
ses dessins mêmes que sont exécutées les gravures
qui ornent ce galant volume. C'est en même temps
comme un spécimen d'une typographie en décadence,
aussi bien que la sculpture, la peinture et l'architecture de l'époque. En 1722, le Régent, informé qu'il
manquoit à l'Imprimerie royale des caractères hébreux, en fait graver des poinçons sur quatre corps
différens, pour compléter la belle collection des types
orientaux.

Dès le treizième jour de son règne après la Régence,
le 28 février 1723, Louis xv donne le règlement général de la librairie et imprimerie de Paris, qui comprend et résume toute la législation des temps anté-
rieurs, et maintient la fixation du nombre des impri-

meurs à trente-six. Ce règlement, rendu commun à tout le royaume par arrêt du Conseil du 24 mars 1744 [1], est ainsi motivé : « Sa Majesté auroit reconnu que le « règlement (de 1723) renferme toutes les précautions « nécessaires, *soit pour porter l'art de l'imprimerie à* « *une plus grande perfection,* soit pour prévenir les « abus qui peuvent se commettre dans l'impression ou « dans le commerce des livres, et maintenir les règles « de la police parmi ceux qui exercent la profession « d'imprimeur ou de libraire, etc. » A ce dernier règlement succède un nouvel arrêt du Conseil, qui détermine les rapports qui devront subsister entre l'Université et la communauté des libraires et imprimeurs de Paris. Pour se conformer à l'une des dispositions de cet arrêt, « la communauté, dit Lottin, trouva une occasion naturelle de prouver à l'Université son dévouement respectueux, en députant *tous* les anciens du corps (au lieu de douze), tant syndics qu'adjoints, à la procession indiquée pour le 15 mars 1725, à l'église des Grands-Augustins. » L'année suivante, le 9 mars,

---

[1] C'est de ce règlement de 1723, conféré avec les anciennes ordonnances, édits, arrêts et jugemens rendus sur l'imprimerie, qu'a été formé le *Code de la Librairie et Imprimerie de Paris,* 1 vol. in-12, 1744, rédigé par Claude Saugrain, libraire-syndic, et imprimé aux dépens de la communauté par Quillau.

le recteur de l'Université se rendit à la Chambre syndicale des libraires-imprimeurs, pour recevoir le serment de tous les libraires et imprimeurs. Dans cette circonstance solennelle, ce fut Laurent Rondet, imprimeur, adjoint en charge, qui harangua le recteur en latin, et il le fit en très bons termes.

Enfin, comme pour cimenter l'ancienne alliance de l'imprimerie avec l'Université, et pour reconnoître tous les services que son enseignement a rendus aux lettres, nourricières de la typographie, c'est un imprimeur, Jean-Baptiste Coignard[1], troisième du nom,

---

[1] La famille Coignard, l'une des plus renommées de l'imprimerie et de la librairie pour ses grandes et nombreuses entreprises, plus spécialement en livres de dévotion, fut aussi l'une des plus favorisées de la fortune. S'il faut en croire les *Mémoires secrets pour servir à l'histoire de la république des Lettres en France* (à la date du 2 novembre 1768, tome IV, p. 150, édit. in-12, Londres, 1777), « le « sieur Coignard, qui s'est illustré par la fondation d'un prix en faveur « des étudians de l'Université, a laissé dans son coffre-fort quarante « sacs de mille louis d'or chacun, ce qui fait une somme de 960,000 liv. » J.-B. Coignard, fondateur du prix de l'Université, étoit fils de Jean-Baptiste II, qui étoit parvenu à toutes les dignités de la Chambre et du consulat. Comme son père, il étoit imprimeur ordinaire du Roi et de l'Académie française, et fut successivement adjoint, consul et syndic de sa Compagnie. Il mourut dans la charge de secrétaire du Roi, et conservateur des hypothèques, le 31 octobre 1768, après avoir exercé

qui fonde un prix d'éloquence latine à l'Université en faveur des maîtres-ès-arts, qui ont donné tant de sujets distingués à l'imprimerie; et en 1747, le 23 août, douze membres de la librairie et de l'imprimerie assistent à la première distribution de ce prix.

Le goût, ou plutôt la mode de cultiver l'imprimerie se propagea beaucoup dans le xviiie siècle, à l'exemple de Louis xv, pour qui une petite imprimerie avoit été établie dans le palais des Tuileries, sous la direction

---

l'imprimerie pendant quarante ans. L'éditeur du *Livre d'honneur* des élèves de l'Université, M. Jarry de Mancy, professeur de l'Académie de Paris, fait observer que la fondation de Coignard n'a pas valu à cet honorable typographe la plus petite mention dans les Dictionnaires biographiques. Mais un contemporain de J.-B. Coignard, auteur d'un poème de *l'Imprimerie*, n'avoit pas omis de signaler sa fondation, en proposant son auteur pour modèle aux futurs imprimeurs; et c'est avec plaisir que je transcris ici les rimes qui évoquent le souvenir de l'acte méritoire d'un honorable confrère.

> Suivez dans cette arène un modèle parfait.
> Dirigeant son essor vers la solide gloire,
> Un élève de l'art, au temple de Mémoire
> S'est ouvert de vos jours un sûr et libre accès.
> En marchant sur ses pas, jouissez du succès.
> Dans le cœur des savans un burin ineffable
> Lui grave un nom plus beau, plus grand et plus durable
> Que le marbre et l'airain, stériles monumens
> Qui tombent tous les jours sous les efforts du temps.

(*L'Imprimerie*, poème, par J.-B.-G. GILLET, 1765, in-8°, p. 34.)

de J. Collombat[1]. La Dauphine, mère de Louis xvi, avoit dans le château de Versailles une imprimerie d'où est sorti un petit volume qui a pour titre : *Élévation de cœur à N. S. J. C.; imprimé de la main de Madame la Dauphine*, 1758, in-16. — Le duc de Bourgogne, frère aîné de Louis xvi, y avoit également une imprimerie en 1760. — La marquise de Pompadour, qui ne pouvoit pas moins faire que les Princes et les Princesses, se donna le passe-temps d'une petite imprimerie, et la fit placer dans son appartement même à Versailles, où, de ses belles mains, elle a assemblé quelques lettres des vers de Corneille. — On sait combien Louis xvi aimoit les arts manuels. Son goût pour la typographie fut dirigé par les soins d'Aug.-Martin Lottin, qui lui enseigna la pratique

---

[1] Cette imprimerie fut montée en 1718. Louis xv avoit alors huit ans, et imprima probablement un cahier de ses leçons de géographie, qui parut sous ce titre : *Cours des principaux fleuves et rivières, composé et imprimé par Louis xv, en 1718*. Paris, dans l'*Imprimerie du Cabinet de S. M.* (petit in-4° de 76 pages). — La participation du jeune prince dans l'impression de son livre, comme compositeur et imprimeur, peut rencontrer beaucoup d'incrédules; mais elle n'a rien que de très vraisemblable. J'ai eu souvent l'occasion de procurer à des amis cet exercice de la composition typographique pour leurs jeunes enfans de huit à neuf ans, comme pour les miens mêmes, et j'ai toujours trouvé que cette occupation les intéressoit en les amusant.

de l'art, du 9 au 21 mars 1766, dans le château
de Versailles ; et, dans la même année, l'auguste
élève, âgé de douze ans, produisit son œuvre typographique, qui a pour titre : *Maximes morales et po-
litiques tirées de Télémaque, imprimées par Louis-
Auguste, Dauphin,* in-8°. Pour tous ces jeunes
princes, la presse n'étoit assurément qu'un jouet, dont
ils usoient comme font les enfans des armes les plus
dangereuses, sans penser à tout le mal qu'elle devoit
leur causer un jour !

DES MAITRES IMPRIMEURS.

C'EST ainsi que se sont écoulés trois siècles et demi, pendant lesquels l'imprimerie, objet de l'intérêt, de l'attention ou de la curiosité des rois, a été constamment honorée, encouragée et cultivée avec autant d'éclat que d'intelligence. On conçoit qu'une semblable profession dût être recherchée, estimée et conservée dans les familles comme un patrimoine honorable, que l'on prenoit soin de maintenir intact tout au moins, s'il n'étoit pas possible de l'accroître et de l'enrichir. Le père n'avoit pas d'autre pensée que de voir son fils lui succéder, et le fils que de soutenir dignement le nom de sa maison. Car ces familles bourgeoises de la librairie et de l'imprimerie de Paris comptoient leurs ancêtres par ordre numérique, comme les maisons titrées, et plusieurs avoient plus de deux siècles d'existence. Outre la famille des Estienne, qui prime sur toute l'imprimerie et la librairie, je pourrois en citer beaucoup d'autres avec celles qui suivent : — La maison des Saugrain, originaires de Lyon, libraires à Paris depuis 1596, existoit encore en 1789; et on a fait de cette famille, dit Lottin, un tableau généalogique qui mérite de servir de modèle à toutes les familles un peu étendues de la librairie. Les Thiboust, qui réunissoient l'imprimerie, la librairie, la gravure et la fonderie des caractères depuis 1544, exerçoient encore en 1789. Les Du Puis furent libraires et imprimeurs de 1539 à 1789. Les Ballard, imprimeurs du Roi pour la musique, datoient de 1551, et le dernier Ballard mourut imprimeur, il y a seulement quelques années. Les familles Langlois (1552 à 1789), Martin (1573 à 1789), Nyon (1580 à 1789), Cramoisy (1589 à 1709), Coignard, Coustelier, De la Tour, Brunet, De Bure, Joubert, Le Breton, Lambert, Valleyre, Lottin, étoient des plus anciennes et aussi des plus considérées de la librairie et de l'imprimerie.

La famille Didot, qui date de 1698, alliée aux Nyon dès cette époque, se trouve aujourd'hui la seule dépositaire de l'illustration de l'ancienne imprimerie de Paris, et la soutient dignement. Mais c'est à peine s'il se trouve actuellement six imprimeurs à Paris qui aient succédé à leurs pères depuis la révolution de 1789.

Si l'ancienneté des familles étoit un titre à la considération commerciale dont jouissoit l'imprimerie et la librairie, la droiture et l'exactitude dans les affaires, l'honnêteté dans les relations, la probité, la fidélité dans les engagemens étoient des titres non moins recommandables à l'estime et à la confiance publiques, dont tout le corps ressentoit les plus heureux effets. Et comme ces qualités étoient encore rehaussées chez la presque totalité des trente-six imprimeurs par une éducation soignée et de bonnes études littéraires, la communauté se trouvoit véritablement dans une position sociale des plus respectables et des plus dignes d'être conservée. L'ordre, l'économie, la surveillance active et personnelle des maîtres dans les ateliers, leur coopération au travail manuel lorsqu'il en étoit besoin, leur procuroient une honnête aisance, et les faisoient estimer et respecter de leurs ouvriers. Les établissemens étoient d'ailleurs proportionnés aux forces

physiques et intellectuelles des maîtres [1], et l'on ne
voyoit pas, comme au temps où nous sommes, des
ateliers surchargés d'un énorme matériel, en grande
partie oisif, et qui exigeroient une puissance surnatu-
relle pour être bien dirigés et surveillés. Il est vrai que
des travaux certains et réguliers occupoient la plupart des trente-six imprimeurs en titre qui se par-
tageoient les impressions des différens corps de l'État
et des administrations [2], et il leur suffisoit d'un matériel spécial, proportionné à l'importance du service,
et approprié à la nature des impressions. C'étoit là

[1] Le Breton, imprimeur du Roi, juge-consul, propriétaire de
l'*Almanach royal* et de l'*Encyclopédie*, n'a eu, pendant vingt-quatre
ans, qu'un seul homme pour prote, pour commis et pour secrétaire.

[2] Avant la révolution de 1789, les imprimeurs étoient chargés des
impressions de presque tous les services publics. Indépendamment
des imprimeurs en titre du Roi, de la Reine, du Dauphin, des Enfans de France, des Princes et Princesses de la famille royale, il y
avoit les imprimeurs du Clergé, de l'Archevêque, du Chapitre de
Paris, de la Faculté de Théologie, des différentes Congrégations, de
l'Université, des Académies royales, du Parlement, du Grand-Con-
seil, du Châtelet, de la Prévôté de l'Hôtel, de la Prévôté de l'Ile-de-
France, de la Cour des Aides, de la Ville, de la Police, de la Maison
et Bâtimens du Roi, des Fermes, des Postes, du Bailliage, du Palais,
de la Connétablie, de l'Amirauté, des Eaux et Forêts, etc., etc., etc.;
et l'énumération est loin d'être complète.

certainement la base de la bonne position financière
de l'imprimerie de Paris et des provinces, qui permettoit de réaliser une portion de bénéfices, presque toujours absorbée maintenant par le renouvellement ou
l'augmentation incessante de nos mobiliers typographiques.

A ces élémens de prospérité et de fixité se joignoient
le zèle et l'émulation, et souvent, comme je l'ai dit
au début de cet écrit, l'enthousiasme du métier,
qui est presque toujours un gage de succès. Cet enthousiasme domine surtout chez les imprimeurs du
premier siècle, mais il est presque exclusivement con-
centré dans l'œuvre littéraire. Ils utilisent au mieux le
mécanisme de l'art tel qu'ils l'ont reçu de ses inventeurs, sans chercher d'autres moyens d'exécution.
Seulement quelques-uns, entraînés par l'imitation,
commençoient à préférer les types de forme allemande ;
mais le savant Josse Bade, tout imbu des lettres attiques
et romaines, ramène les types à leur forme antique ; et
désormais les graveurs et les fondeurs de Paris, artistes
habiles aussi bien qu'érudits, tels que les Colines, les
Garamont, les Granjon, les Le Bé, les Senlecque, les
Thiboust, améliorent à l'envi la taille des caractères
romains et italiques, qui furent si long-temps recher-
chés et imités en divers pays.

En 1529, le laborieux artiste Geoffroy Tory, de Bourges, libraire-juré de Paris dès 1512, qui s'étoit livré pendant plusieurs années à des essais et à des recherches spéciales sur la forme et la proportion des lettres de l'alphabet, publie son livre du *Champ fleury*, premier ouvrage didactique sur le dessin, la gravure et la taille des poinçons ; ouvrage original, assez souvent bizarre, mais qui montre à quel point l'auteur s'étoit passionné pour son art. Car c'est pour le mettre à la portée de tous les lecteurs, « gens de bonnes lettres ou peuple commun, » qu'il a voulu écrire son livre en français, quand il lui eût été plus facile, dit-il, de l'écrire en latin ; et il étoit tellement convaincu de son utilité, qu'il le regardoit comme une action méritoire. Aussi ne s'est-il pas laissé intimider par les détracteurs que cette nouvelle façon d'écrire en français lui devoit susciter « de trois manières d'hommes : des non sçavans, des moyennement sça-vans, et des bien sçavans. »

Le livre du *Champ fleury* n'a rien à redouter aujour-d'hui de ces trois manières de critiques, car on n'en connoît à peu près que le titre, emblème de toutes les beautés naturelles et surnaturelles que l'auteur a dé-couvertes dans les signes de l'alphabet. La marque de Thory est un autre emblème très compliqué qu'il a

pris soin d'expliquer, et dont la pensée, résumée par
l'inventeur lui-même, s'adresse à tous les imprimeurs
et libraires qui viendront après lui, et que, pour cette
raison, nous reproduisons ici dans sa forme primitive :

Velà ma sus déclarée devise et marque faicte comme je l'ay

pensée et imaginée, en y spéculant sens moral, pour en

donner aucun bon amonestement aux imprimeurs

et libraires de par dezça, à eulx exercer et em-

ployer en bonnes inventions et plaisan-

tes exécutions, pour monstrer que leur

esperit n'aye toujours esté inutile,

mais adonné à faire service

au bien public, en y be-

soignant, et vivant

honnestement.

Geoffroy Thory s'étoit appliqué à établir par des
règles mathématiques les justes proportions des lettres,
leurs formes, hauteur, épaisseur, approche et écarte-
ment, « en tenant toujours le nombre des pointz et
tours de compas à chascune d'elle requis. » Son livre
étoit le seul nécessaire pour prémunir l'imprimerie
contre l'altération des types, et il fut le seul entrepris. L'imprimerie fut d'ailleurs admirablement ser-
vie par plusieurs générations d'habiles et savans graveurs et fondeurs, pleins de zèle et de goût pour leur
art, dont le petit nombre surtout servit également

bien les intérêts pécuniaires des imprimeurs. La gravure des caractères chemina ensuite lentement vers la perfection où elle est parvenue, il y a seulement une vingtaine d'années, sous le burin des deux frères Pierre et Firmin Didot, tous deux imprimeurs, graveurs et fondeurs ; et elle n'a fait que rétrograder depuis cette époque. Quels que soient les caprices et les variations du goût, les types Didot sont et resteront la perfection de l'art.

Ce fut aussi un généreux enthousiasme qui anima presque tous nos imprimeurs du xvie siècle, et notamment Robert et Henri Estienne, dont les travaux typographiques et littéraires semblent dépasser la mesure des forces humaines. Aussi, voyez avec quelle chaleur ce maître Henri Estienne se plaint de l'ignorance de quelques imprimeurs intrus qui commettoient l'honneur de la typographie française par leur incurie et leur avidité du gain ! Voyez-le, malade et atteint de fièvre tierce et quarte, prendre plaisir à imiter « force beaux traits hardis de la calligraphie grecque, » qu'il fera graver sur buis, pour ceux qui aiment « telles gentillesses [1]. » On ne peut douter que

---

[1] Préface du *Traité de la conformité du langage françois avec le grec*, 1569, in-8°.

ces leçons, que ces exemples n'aient excité et entretenu l'émulation parmi les maîtres, et n'aient produit plus d'un excellent typographe.

Dans l'année 1689, l'imprimerie et librairie de Paris eut son Livre d'honneur, ses titres typographiques, recueillis et classés par règne, depuis Louis XI jusqu'à Louis XIV. Le libraire J. de La Caille avoit eu l'heureuse idée de former ces archives de famille, où les maîtres imprimeurs puisoient la connoissance des œuvres les plus remarquables de leurs aïeux, et une excitation à fournir honorablement la même carrière. En 1694, un bibliothécaire de Sorbonne, André Chevillier, publia son livre de l'*Origine de l'Imprimerie de Paris*, en un volume in-4°, ouvrage rempli de curieuses instructions sur les commencemens et les progrès de l'art typographique à Paris, et sur les prodigieux travaux de ses premiers imprimeurs. Cent ans après le livre de La Caille, en 1789, l'imprimeur A.-M. Lottin publia des Tables généalogiques de tous les noms qui ont figuré dans la librairie et l'imprimerie depuis 1470 jusqu'en 1788, et leur nombre s'élève à plus de 4000. Pour faire mieux apprécier l'importance que les imprimeurs attachoient anciennement à leur profession, nous rapporterons les propres paroles de Lottin ; car l'année même où il les écrivoit, ces gé-

nérations anciennes d'imprimeurs s'abîmoient avec le trône, et ceux qui les ont remplacées n'ont pas recueilli ces paroles : « Ce catalogue, dit-il, aura de quoi satis-
« faire toutes les familles de la librairie et imprimerie
« de Paris, qui aimeront à y trouver la suite de leurs
« aïeux, et les différentes branches de leurs généa-
« logies.

« Il offrira le même agrément à plusieurs autres fa-
« milles du royaume qui ont pris leur origine dans
« la librairie et imprimerie de la capitale. Qu'on me
« permette de le dire pour exciter de plus en plus
« l'émulation dans notre état : s'il est des noms desti-
« nés à ne périr jamais, ce sont ceux des libraires et
« des imprimeurs. Quelques-uns ont acquis ce droit
« par leur propre mérite, comme nos Estienne, nos
« Morel, nos Turnèbe; quelques autres, par leur belle
« exécution typographique, tels que nos Vascosan, nos
« Léonard, nos Guérin, nos Coignard : ceux-là par
« l'importance de leurs entreprises; par exemple,
« lorsqu'ils ont formé des *compagnies* pour des éditions
« de Pères grecs, de Pères latins, de livres de juris-
« prudence, de livres liturgiques, et autres grands
« corps d'ouvrages.... Chacun de nous doit donc veil-
« ler à transmettre fidèlement *aux derniers âges* les
« caractères distinctifs de son existence, qui se trouve

« si intimement liée à l'histoire de la littérature na-
« tionale. »

Entendez-vous, maîtres imprimeurs? jusqu'aux *derniers âges !* Quels sont donc les noms, je ne dirai pas
dans aucune profession, mais parmi les plus-hautes
fonctions, charges ou dignités de l'État, qui pourroient
prétendre à une semblable destinée? Certes, le sentiment si élevé que chaque imprimeur avoit de sa profession a été le premier mobile de l'excellente renommée dont jouissoit l'imprimerie française avant 1789.
Tous les établissemens ne furent pas sans doute également recommandables sous les rapports typogra-
phiques, surtout dans le XVIIIe siècle; mais il y avoit
chez tous les maîtres des connoissances techniques, et
un esprit de corps qui leur assuroit un exercice paisible, et sans tache du moins, s'il ne jetoit aucun éclat
sur la communauté. Souvent aussi il se rencontroit des
hommes enthousiastes de leur art, qui en compre-
noient toute l'importance, toute la dignité, et qui ont
fait servir leur instruction et leurs presses à en propager
le goût et la pratique par leurs écrits, ou à célébrer
ses merveilles et ses bienfaits; et il en restoit toujours
quelque chose d'utile ou d'honorable pour le corps.

Parmi les imprimeurs qui se sont le plus distingués
sous ce rapport, on peut citer en première ligne

Claude-Louis Thiboust, imprimeur-libraire de l'Université, qui étoit en même temps graveur et fondeur de caractères, et très versé dans les langues grecque et latine. Il composa un poème en latin, intitulé *Typographiæ excellentia*, et le présenta à l'Académie des Sciences en 1699[1]. Au mérite de la difficulté litté-

---

[1] Le poème de Cl.-L. Thiboust a été imprimé d'abord en huit pages in-4°, en 1699, sans frontispice ni pagination. Il est précédé d'une lettre en prose latine adressée aux membres de l'Académie des Sciences, et encadré dans une requête en vers latins qui commence et termine le chant dans lequel l'auteur décrit les divers procédés de l'art. Il a été réimprimé en 1718 et en 1754, in-8°, avec une traduction en prose française, texte en regard, faite par Claude-Charles Thiboust, fils de l'auteur, et lui-même imprimeur et littérateur également recommandable. Dans la dédicace au roi Louis xv, qui précède le poème de l'édition in-8°, l'auteur apprécie en ces termes la prééminence de l'imprimerie sur les autres arts : *Cum per te ipse cognoveris, non solum Artem nostram cæterarum nobilissimam fatearis, verum etiam ut illa in Imperio tuo exerceri possit omnibus suis numeris cumulata.* « Lorsque Votre Majesté connoîtra par elle-même notre « Art, elle conviendra qu'il n'en est pas de plus noble, ni qui puisse « être exercé avec le plus de distinction dans son Royaume. »

L'épître aux membres de l'Académie des Sciences est intitulée : *Eruditissimis Regiæ Scientiarum Academiæ sociis, ut in suam Societatem artem typorum cooptent;* avec cette variante au titre de la première page du poème in-4°, *ut cœtui academico Fusor-Typographus-Bibliopola eligatur.* Cette épître finit par des considérations sur l'intime alliance des Lettres avec l'Imprimerie, que l'auteur fait valoir

raire vaincue, s'allioit dans cette composition une pensée qui montre jusqu'à quel point l'auteur étoit dominé par l'amour de son art. Il fit précéder son poème d'une épître et d'une requête en vers aux membres de l'Académie, pour leur faire comprendre qu'un

---

avec dignité, et que l'on ne sauroit jamais perdre de vue, si l'on veut exercer l'imprimerie avec quelque distinction. *Tanta est inter Academiam et Typorum artem cognatio! Si in mentem vestram revocaveritis quot ex ea præclaras dotes hauseritis, quanta in illam beneficia contuleritis, quanta ab illa acceperitis, quantam denique illi venustatem vestro labore vestraque cura comparaveritis, dubium non est quin vestro cœtui Fusorem-Typographum-Bibliopolam sitis electuri.* « Telle est l'étroite alliance qui unit l'Académie et l'Imprimerie! Si vous vous représentez tout ce que vous y puisez d'avantages et de lumières, tous les biens dont elle vous est redevable, tous ceux que vous recevez d'elle, enfin la perfection que lui ont acquise vos soins et vos travaux; assurément, Messieurs, vous accorderez dans votre Compagnie une place à l'*Imprimeur-Libraire-Fondeur*. » La description en vers latins du mécanisme de la presse présentoit des difficultés que l'auteur a surmontées assez habilement, et pour lesquelles il demande grâce au Roi, en faveur de son zèle : *Memineris me in argumento difficiliori fuisse versatum, multaque mihi apta verba defuisse, quod longe ante typographiæ tempora lingua latina floruerit.* « Ayez égard à la difficulté du sujet que j'ai traité, et à la pénurie des termes propres à l'art dans la langue latine, parvenue à sa perfection bien antérieurement à l'invention de l'imprimerie. » La traduction du fils de l'auteur est ornée du portrait de son père, gravé en taille-douce par J. Daullé.

typographe, c'est-à-dire l'homme qui réunit les qualités de graveur-fondeur-imprimeur et libraire, méritoit d'être élu membre de l'Académie des Sciences. Il
appuyoit sa requête sur un perfectionnement qu'il
avoit apporté dans la construction de la presse, et qui
donnoit plus de netteté et de précision au tirage. Mais
les vœux du savant et habile typographe ne furent pas
exaucés, et maintenant sans doute ils sont plus loin
que jamais d'être réalisés, tant la science des acadé-
miciens s'est élevée, tant celle des typographes s'est
abaissée.

Depuis sa naissance, l'imprimerie avoit eu de nom-
breux panégyristes en prose comme en vers, et dans
toutes les langues ¹ ; mais ce n'étoit que dans les ate-

---

¹ Les deux volumes de Jean-Chrétien Wolf, professeur de poésie
et de physique à Hambourg, intitulés *Monumenta typographica,*
contiennent un grand nombre de pièces à la louange de l'imprimerie,
dont l'indication se trouve page 93 des tables placées en tête du t. I.
Le poème de Cl.-L. Thiboust a été inséré en entier dans le t. II,
p. 632 à 643. Les deux volumes du Recueil de Wolf forment ensemble
2514 pages, petit in-8° (Hambourg, 1749). Ils contiennent quarante-
quatre opuscules complets, et environ trois cents morceaux extraits
de divers auteurs qui ont écrit sur l'origine, l'excellence et l'abus de
l'art typographique. Wolf a dédié son livre aux frères Jean-Jacques
et Jacques de Tournes, imprimeurs-libraires à Lyon et à Genève :
Quod rem librariam et typographicam præcipuc insigniter ornant.

liers mêmes qu'on apprenoit à la pratiquer. Les hommes de lettres eux-mêmes, les conseils et souvent les amis de leurs imprimeurs, les visitoient souvent, suivoient avec attention les diverses opérations typographiques, et en prenoient assez de connoissance pour épargner le temps et la peine des travailleurs. Ce ne fut qu'au commencement du XVIIIe siècle qu'il vint dans la pensée d'un imprimeur, qui avoit sans doute beaucoup de loisirs, de composer un livre didactique sur l'imprimerie. Martin-Dominique Fertel, imprimeur à Saint-Omer, publia en 1723 le premier ouvrage[1] de ce genre, sous le titre de *la Science pratique de l'Imprimerie, contenant des Instructions très faciles pour se perfectionner dans cet art*, en un volume in-4°, avec des planches. Il est fort douteux que ce livre ait jamais atteint le but que l'auteur se

---

[1] La préface du livre de Fertel commence par cette phrase : « Il « est surprenant de voir paroître tant d'instructions pour se perfec-« tionner dans les différentes sciences, et de n'en avoir point encore vu « pour celle de l'imprimerie. » D'abord, malgré tout le respect que je professe pour le bon praticien de Saint-Omer, il ne me paroît aucunement surprenant que l'on n'eût pas songé avant lui à faire un livre d'instruction pratique de l'imprimerie, parce que, jusqu'alors, les maîtres, les protes et les ouvriers en savoient tous autant les uns que les autres sur ce point, et que le degré d'instruction, alors tout à l'avantage des maîtres, faisoit la seule différence entre eux. Lorsque

proposoit; mais ce qui le rend curieux et instructif
aujourd'hui, c'est d'avoir cent vingt ans de date; c'est
son titre même de *Science pratique*, qui montre comment on considéroit autrefois l'imprimerie; c'est d'y
pouvoir suivre les changemens et accroissemens opé-
rés dans le matériel typographique par les vicissitudes
et les caprices du goût, mais sans avantage réel pour
le public lettré, et au détriment des imprimeurs. Ce
qui distingue du moins l'ouvrage de Fertel de tous
ceux qui l'ont suivi, c'est le soin avec lequel il a traité
de l'ordonnance et de la disposition des textes, de leurs
titres, divisions, subdivisions et accessoires, selon la
nature des ouvrages [1]. Ces détails dénotent l'intelligence typographique de l'auteur, dirigée vers le but le
plus essentiel de l'art, qui est de faciliter l'étude et les
recherches, d'aider la mémoire, de répandre la clarté

---

le nombre des maîtres et des ouvriers eut beaucoup augmenté, il s'en
trouva aussi beaucoup plus d'inhabiles; et Fertel, qui eut peut-être à
souffrir de leur ignorance, voulut leur donner les moyens de s'instruire
avec son livre. Mais un livre ne donne jamais ce qu'il faut pour devenir un bon ouvrier, un habile imprimeur, ni pour se perfectionner
dans la typographie. Les meilleurs maîtres de cet art, c'est l'instruction, c'est le goût.

[1] Les instructions de Fertel sur ces objets occupent les pages 57 à
138 de la *Science pratique de l'Imprimerie*, et sont à peine indiquées
dans les autres livres du même genre.

dans la distribution des matières, enfin de rendre la lecture d'un livre commode et attrayante. C'est de cette manière surtout que nos anciens maîtres entendoient la pratique de l'imprimerie, ainsi qu'on le trouve exprimé dans un Mémoire rédigé en 1716 par les principaux imprimeurs de Paris. « Assembler des lettres « de métal, y est-il dit, travailler à une presse, sont à « la vérité des occupations qui dépendent peu des lu- « mières de l'esprit. Mais ce travail n'est point le par- « tage de l'imprimeur. Cette mécanique, réservée à « des ouvriers, laisse au directeur des occupations plus « relevées. Le choix des caractères, leur différence « pour des textes et pour des notes, leur diversité, « leur arrangement et leur proportion, sans parler de « la correction, produisent ce coup d'œil qui fait le « charme du savant curieux, et sont des parties que « la seule possession d'une imprimerie ne procure « point. Pour bien diriger cet ouvrage servile de l'ou- « vrier, il faut avoir pratiqué et exécuté soi-même. »

Le milieu du xviiie siècle, époque d'un grand mouvement littéraire, fut également signalé par le zèle, l'ardeur et l'émulation qui se manifesta dans la typographie. Sa place étoit marquée dans le monument de l'Encyclopédie, et l'article Imprimerie, qui parut en 1765, avoit été rédigé par le prote de Le Breton, imprimeur de l'Encyclopédie, syndic de la communauté et depuis juge-consul, l'un des hommes qui a le plus honoré le commerce de la librairie par son mérite, sa probité, et l'exemple de la vie la plus laborieuse.

Déjà, depuis quelques années, un artiste doué d'une imagination ardente, d'un esprit actif et pénétrant, opiniâtre au travail, écrivain par circonstance, passionné pour la typographie, excitoit la curiosité du monde savant sur la question des origines typographiques (1759-1761). C'étoit Pierre-Simon Fournier, graveur et fondeur, qui s'étoit fait également remarquer par la fécondité de son burin et par la véhémence de sa plume. Ses observations sur les *Vindiciæ typographicæ* de Schœpflin échauffèrent la controverse, et la discussion dégénéra en dispute. L'Imprimerie, sujet de la querelle, n'eut cependant pas à s'en plaindre : elle reçut de nouvelles louanges, de nouveaux hommages, de nouvelles couronnes. Cl.-Charles Thiboust venoit de faire revivre en français le poème de son père, *Typographiæ excellentia*. En 1764, un jeune fils de maître, Prosper Hérissant, enlevé à l'imprimerie par sa passion pour l'étude des sciences, mais plein d'admiration et de respect pour les savans imprimeurs du XVIe siècle, qu'il désespéroit de pouvoir jamais égaler, voulut du moins célébrer leur science et leurs travaux. A peine âgé de dix-neuf ans, Hérissant [1] compose un poème latin sur l'Imprimerie, et c'est son ami Charles-Jacques Saillant, du même âge que lui, qui l'imprime de ses mains.

Les deux poèmes latins de Thiboust et de Hérissant inspirèrent un jeune amateur de la typographie, qui, en 1765, donna aussi un poème de l'*Imprimerie*, en vers français. Il est dû à J.-B.-G. Gillet, et s'il n'a pas le mérite d'une haute poésie, il a du moins celui d'une pensée et d'une intention utiles, dont l'auteur, dans son avertissement, détermine le but en ces ter-

---

[1] La famille Hérissant datoit de 1654 dans la librairie et l'imprimerie, où elle tenoit un rang honorable. Louis-Antoine-Prosper, l'auteur du poème, étoit fils de Jean-Thomas Hérissant, imprimeur du Cabinet du Roi. Il naquit le 27 juillet 1745, et fit ses études au collége de Dormans-Beauvais, devenu collége de Lisieux en 1767; et chaque année il partageoit avec ses frères les prix et les couronnes des concours. Il fut reçu maître-ès-arts en 1764. Son père le destinoit à l'imprimerie; mais un goût irrésistible portoit le jeune Hérissant à l'étude de la médecine. Il y fait allusion dans son poème, qu'il appeloit ses Adieux à l'Imprimerie, en faisant l'éloge de Charles Estienne, qui avoit été docteur-régent de la Faculté de médecine en même temps qu'imprimeur. Il fut reçu bachelier en médecine au commencement de 1768, et il avoit déjà soutenu deux thèses de physiologie pour la licence, lorsqu'il fut atteint de la petite vérole dans les visites qu'il suivoit à l'Hôtel-Dieu. Il mourut le 10 août 1769, à l'âge de vingt-quatre ans, après quatre jours de maladie.

mes : « C'est de présenter à ceux qui exercent l'impri-
« merie les modèles sur lesquels ils doivent diriger leurs
« travaux, et jeter les fondemens de leur réputation.
« Quelle analogie, en effet, quelle connexité entre le
« savant qui enfante, et l'imprimeur qui fait vivre à
« jamais ses heureuses productions ! Cette seule consi-
« dération fait la gloire du typographe, et doit l'ani-
« mer à se perfectionner. »

C'est dans les mêmes vues que Fournier le jeune
avoit conçu le plan d'un *Manuel typographique* complet dans toutes les parties de l'art, qu'il regardoit
comme aussi nécessaire aux hommes de lettres qu'aux
imprimeurs. Deux volumes de l'ouvrage, qui devoit
en avoir quatre, parurent en 1764; mais la mort de
l'auteur, épuisé par le travail, laissa son œuvre incomplète [1].

---

[1] Pierre-Simon Fournier, né le 15 septembre 1712, mourut le 8 octobre 1768. En 1762, il avoit obtenu, par arrêt du Conseil, le titre
d'imprimeur surnuméraire, fondé sur les services qu'il avoit rendus à
l'imprimerie, par l'invention et l'exécution de différens objets relatifs
à l'art. En vertu de cet arrêt, qui dérogeoit en sa faveur aux arrêts du
Parlement, par lesquels le nombre des imprimeurs de Paris étoit fixé
à trente-six, Fournier avoit établi, dans son domicile, rue des Postes,
une petite imprimerie qui servit à l'impression de son *Manuel typo-*
graphique. Mais à la mort de l'auteur, les syndic et adjoints de la
communauté firent enlever la vis de la presse, pour faire cesser tout

Vers la même époque, Claude-François Simon, imprimeur de la Reine et de l'Archevêque, Chevalier de l'Ordre du Christ, Membre de l'Académie des Arcades de Rome, savant littérateur et imprimeur habile, préparoit un *Traité complet de l'Imprimerie*, qui n'a point été publié, et que les connoissances classiques de l'auteur rendent d'autant plus regrettable.

Un autre ouvrage encore, qui se rattachoit à l'imprimerie, vit le jour dans l'année 1766. C'étoit le *Traité historique et pratique* d'un art qui a donné l'essor à la typographie, et qui balança pendant quelque temps ses destinées. L'art de la gravure en bois étoit resté

---

autre travail dans cette imprimerie tolérée. C'est ce fait qui a été présenté comme une persécution de la Chambre syndicale de l'époque, par l'écrivain d'une brochure sur la *Liberté de l'Imprimerie*, le citoyen Camus, imprimeur de l'an VIII. Cependant la Chambre syndicale n'avoit agi que dans les limites de ses attributions, et conformément aux lois et règlemens qui régissoient l'imprimerie; et tout ami de l'ordre n'eût fait qu'approuver la mesure de la Chambre. Dans une autre circonstance, les Citoyens empêchèrent que le directeur de l'Imprimerie royale, Anisson Dupéron, ne fût chargé de l'impression des assignats, quoiqu'un travail de cette nature appartînt bien, de droit et de raison, à l'imprimerie officielle, à l'exclusion de toute autre; mais le tribunal révolutionnaire mit un terme aux justes réclamations de ce directeur. C'est ainsi que les Citoyens, de toutes les époques qui comptent des Citoyens, comprennent le droit, l'équité et la raison.

long-temps un auxiliaire utile et agréable de l'imprimerie, dans les habiles mains des premiers typographes
et de ceux du xvie siècle [1]. Mais le goût et l'usage de
cette gravure s'étoient beaucoup affoiblis, soit par
l'infériorité du talent des artistes ou leur découragement, soit par l'impéritie des imprimeurs, qui avoient
négligé les soins indispensables à ce genre d'impression. Jean-Michel Papillon essaya, dans son *Traité de
la Gravure en bois,* de réveiller le goût de la xylogra-
phie, de stimuler les imprimeurs à mieux traiter ses
productions, de leur faire comprendre tous les avantages qu'ils pouvoient en retirer; et il le tenta vaine-
ment. L'exécution typographique du livre, qui « étoit
« enrichi, selon l'expression de l'auteur, des plus jolis
« morceaux de sa composition et de sa gravure [2], » étoit

---

[1] « Plusieurs anciennes et belles impressions, dans lesquelles il y a
« d'excellentes gravures en bois, prouvent assez que toutes les atten-
« tions étoient familières aux premiers imprimeurs, qui ne négli-
« geoient rien afin de faire de beaux ouvrages. » (J.-M. PAPILLON,
Traité de la Gravure en bois, t. ii, p. 561.)

[2] L'ouvrage de Papillon contient un peu plus de deux cents gravures en bois, lettres grises, fleurons, vignettes, culs-de-lampe,
armoiries, attributs, sujets divers ou planches explicatives du mécanisme de la gravure. Dans ce nombre, il s'en trouve seulement quelques-unes de remarquables sous le rapport de l'exécution. Quant au
style des compositions, il se ressent du mauvais goût qui étoit celui

elle-même trop défectueuse pour rien ôter à la vogue des ornemens de la taille-douce, qui étoient alors généralement prodigués dans les livres. Il y avoit encore une raison pour que le livre de Papillon n'eût pas le succès qu'il s'en promettoit sans doute : c'est qu'il étoit écrit dans un style presque barbare, rempli de détails plus que futiles, et de nature à rebuter les lecteurs les mieux disposés à recevoir ses instructions. L'écrivain avoit manqué au zèle et aux qualités de l'artiste.

L'Art de l'Imprimerie dans sa véritable intelligence, publié en 1783 par Antoine Castillon, imprimeur, avoit, dans son genre, le même mérite et les mêmes défauts que le *Traité de la Gravure en bois*, et il devoit avoir la même destinée : il est resté presque ignoré. Mais l'enthousiasme de l'auteur étoit si vrai, ses intentions si louables, ses motifs si désintéressés,

---

des écoles de Le Moine ou de Boucher à cette époque énervée ; et l'impression en est si mal traitée, qu'on a peine à reconnoître la délicatesse et le fini du travail du graveur. Ce qu'il y a de plus singulier à cet égard, c'est que l'auteur a donné dans son livre même une « instruction pour imprimer proprement les gravures en bois, » et qu'il attribue uniquement à la mauvaise impression le discrédit où étoient tombés les gravures et les graveurs en bois. Le nombre des pièces de l'œuvre de J.-M. Papillon s'élève à plusieurs milliers, dont la collection se vendoit deux louis chez l'auteur.

qu'il mérité une part dans l'estime de tous les amis de la typographie. Et en effet, quoique dénué de toute instruction [1], il n'a pas voulu priver le public du fruit de ses travaux et de son expérience typographiques. « Il seroit à souhaiter, dit-il, que tous ceux qui savent « beaucoup dans cette partie en distribuassent quelques « portions à ceux qui n'en savent que très peu. On en- « treverroit par-là que l'état d'imprimeur n'y perdroit « rien, et que le public seroit forcé de rendre hom- « mage à la vérité, en regardant l'art de l'imprimerie « comme le premier état du monde. » — « Toutes mes « idées mal conçues, ajoute l'auteur, ne doivent leur « imperfection qu'à la nature, qui ne s'est montrée que « marâtre à mon égard, joignant à cela la privation où

---

[1] Le livre de Castillon est rempli de fautes d'orthographe qu'un ouvrier ordinaire à la casse n'auroit pas faites, et qu'on ne peut attribuer qu'à l'auteur-imprimeur : comme *casseauts*, plusieurs fois imprimé pour *casseaux*. On y trouve aussi cette singulière explication du mot *prote* dans une note de la page 22 : « *Prote* est le nom que l'on donne à « un ouvrier d'une capacité reconnue, qui lui a mérité le titre de *prote*, « qu'on nomme en latin *proto*, qui signifie *premier*. » L'ouvrage est dédié à M. Armand-Thomas Huë de Miromesnil, chancelier, garde des sceaux de France. « D'après la sagesse de vos jugemens, dit « l'auteur, que ne doivent pas attendre ceux qui se perfectionneront « dans un art aussi constamment soutenu, et qui en rempliront les « fonctions avec fidélité? »

« je suis depuis quelque temps d'exercer les fonctions
« de mon état primitif. »

Dans la même année 1783, deux jeunes gens qui
appartenoient à l'une des familles les plus considérées
de l'imprimerie, nourris de bonnes études classiques,
doués des dispositions les plus précieuses pour la typographie, le goût du travail et le désir de se distinguer,
entroient ensemble dans la carrière de l'imprimerie.
Pierre et Firmin Didot, fils de François-Ambroise,
imprimeur, graveur et fondeur en caractères, prélu-
doient par des compositions littéraires à l'exercice d'un
art que vingt ans plus tard, par la plus noble rivalité,
ils devoient porter à sa dernière perfection : heureux
et habiles artistes, qui ont fait pour la typographie ce
que les grands maîtres ont fait pour la peinture, l'architecture et la sculpture : ils ont posé les limites de
l'art, au delà et en deçà desquelles il n'y a plus qu'erreur et confusion. C'est dans l'*Épître sur les progrès de
l'Imprimerie* [1], envoyée en 1784 par M. Pierre Didot

---

[1] Cette Épître, imprimée d'abord en 1784, in-8°, se trouve aussi
dans un volume intitulé *Essai de Fables nouvelles dédiées au Roi;
suivies de Poésies diverses et d'une Épître sur les progrès de l'Imprimerie, par* Didot *fils aîné. A Paris, imprimé par Franç.-Ambr.* Didot
l'aîné, avec les caractères de Firmin, *son second fils.* 1786, in-12.

l'aîné au concours de l'Académie française [1], que se ré-
vèle le sentiment intime de l'art qui dominoit le poète-
typographe de vingt-trois ans, lorsqu'il s'écrie :

> Eh! puissé-je à mon tour étendre les progrès
>
> D'un art qui de mon père exerça la constance,
>
> Et qui sut me charmer dès ma plus tendre enfance!

Une explication que donne, sur ces trois vers,
M. Pierre Didot, dans une des notes qui suivent l'*Épître*, doit être méditée surtout par ceux qui voudroient se
faire imprimeurs moins par goût que par circonstance;
et nous ne saurions mieux faire, pour leur instruction,
que de la rapporter tout entière : « *Il faut attribuer* à
« une espèce d'enthousiasme et non à un motif d'amour-
« propre ce souhait que, sans témérité, je ne pourrois
« espérer d'accomplir, parce que j'ai appris sous mon
« père à considérer toute l'étendue des connoissances
« essentielles à un bon imprimeur. — Un bon impri-
« meur, dit-il, doit faire la nuance entre l'homme de
« lettres et l'artiste. Il n'est pas nécessaire qu'il soit
« homme de lettres; il s'occuperoit trop exclusivement
« de quelques parties qui auroient plus d'attraits pour
« lui, ou qu'il auroit plus étudiées : mais il faut qu'il

---

[1] En cette année 1784, le sujet du prix de poésie étoit laissé au choix
des concurrens.

« ait sur presque toutes des notions générales, afin
« que les diverses matières contenues dans les ou-
« vrages dont on lui confie l'exécution ne lui soient
« pas tout-à-fait étrangères. Il lui importe surtout
« d'être bon grammairien, et il seroit à désirer qu'à
« la connoissance de la langue latine, exigée par les
« règlemens ¹, il joignît celle du grec, et de deux ou
« trois langues vivantes les plus répandues. Les prin-
« cipes de la méchanique doivent lui être assez fami-
« liers pour qu'il puisse les appliquer utilement à son
« art. Enfin il doit être exercé dans les fonctions ma-
« nuelles des ouvriers, afin de les diriger dans leurs
« travaux, et de leur indiquer les méthodes les plus
« promptes et les plus sûres. » — « Je sens combien
« ces connoissances sont au-dessus de mon âge et de
« mon expérience, ajoutoit M. Pierre Didot, puisque
« je vois mon père travailler encore tous les jours à
« les acquérir. »

Il est vrai que c'est en 1784 qu'il paroissoit nécessaire de réunir toutes ces qualités et ces connoissances
pour exercer honorablement l'imprimerie. Mais les

---

¹ Il s'agit des règlemens qui étoient en vigueur en 1786. On est beaucoup moins exigeant aujourd'hui, car l'administration ne regarde même
pas comme indispensable qu'un imprimeur sache lire, et plus d'un breveté s'est bien trouvé de cette opinion.

deux frères Didot, qui les avoient acquises et portées au degré le plus éminent, les fortifièrent encore par une pensée qui les rendit maîtres de l'avenir : « c'étoit, « dit M. Pierre Didot, que les presses étrangères « n'eussent pas la supériorité sur les presses françaises.» Cette pensée, élaborée pendant vingt ans par les deux illustres frères avec une admirable persévérance, à travers des obstacles sans nombre, plaça l'imprimerie française à la hauteur des destinées de l'Empire, et leurs éditions furent proclamées « les plus belles productions typographiques de tous les pays et de tous les âges[1]. »

On voit, par l'exposé qui vient d'être tracé, quelles ont été les principales raisons de l'estime et de la considération dont jouissoit autrefois l'imprimerie; combien le zèle et l'émulation héréditaires dans les familles

---

[1] Les expressions du Rapport du Jury de l'exposition de 1801 concernent spécialement l'édition du *Racine*, 3 vol. in-fol., 1801, qui avoit été précédée du *Virgile*, 2 vol. in-fol., 1798, et de l'*Horace*, in-fol., 1799. Firmin Didot avoit gravé les caractères qui ont servi à l'impression de ces beaux volumes, et a nécessairement sa part dans l'éloge du Jury, qui a été ratifié en ces termes par notre sévère et impartial bibliographe, M. Brunet, dans son *Manuel du Libraire* : « Cette « édition est le livre le plus magnifique que la typographie d'aucun pays « ait encore produit. » En se montrant toujours très sobre d'ornemens typographiques, M. Pierre Didot est resté fidèle aux préceptes qu'il avoit lui-même tracés dans son *Épître sur les progrès de l'Imprimerie;*

lui donnoient de relief et d'éclat ; combien encore la
protection royale et le patronage des plus hauts fonc-
tionnaires lui prêtoient de force et d'appui contre les
vicissitudes du commerce. Les constitutions qui régissoient l'imprimerie et la librairie n'étoient pas moins
favorables d'ailleurs aux membres de la communauté
qu'au bien de l'État. L'ambition des imprimeurs n'étoit
pas de faire fortune, mais d'abord d'élever et d'établir
honorablement leurs enfans, dont les familles étoient
presque toujours bien pourvues ; de parvenir ensuite
aux charges et dignités de la Chambre, qui conduisoient
souvent à celles de la magistrature consulaire. La vie

---

et ce n'est pas un des moindres mérites de cet habile et consciencieux
éditeur, que d'avoir mis en pratique ces vers écrits dans sa jeunesse :

> Luce, dont les poinçons n'ont qu'un foible mérite,
> De ses fleurons nombreux nous offre en vain l'élite :
> Tous ces colifichets de notre art sont exclus....
>
> Baskerville a senti toutes ces vérités.
> Il sembloit que le goût marchât à ses côtés ;
> Et de ces vains fleurons il a banni l'usage :
> Le simple est du vrai beau la plus parfaite image.

M. Pierre Didot s'est trouvé d'accord dans ces principes d'exclusion
des vignettes, fleurons, et autres soi-disant ornemens typographiques,
avec son émule de Parme, J.-B. Bodoni, qui les employa très rarement,
persuadé qu'il étoit que le vrai mérite des éditions consiste dans la
pureté de l'exécution typographique.

étoit laborieuse, mais paisible ; les bénéfices de la profession, modestes, mais certains ; et la sécurité de l'avenir faisoit une bonne partie de la richesse du présent.
Les mœurs des imprimeurs étoient douces, simples,
religieuses, et bienveillantes envers leurs confrères.
Élevés dans l'amour de leur art, ils y restoient attachés
toute la vie ; et l'on rencontre fréquemment dans les
annales de l'imprimerie des exercices typographiques
de quarante, cinquante, soixante années, et au delà.
Sébastien Nivelle, reçu libraire-juré et imprimeur
en 1550, surnommé dans son épitaphe *la Perle des
Libraires* de France, mourut en 1603, à quatre-vingts
ans, dans sa cinquante-troisième année d'exercice. Sébastien Cramoisy, reçu imprimeur-libraire en 1602,
premier directeur de l'Imprimerie royale en 1640, puis
échevin, juge-consul, mort en 1669, avoit fourni une
carrière typographique de soixante-sept ans. Antoine
Vitré, le représentant de la typographie française aux
gloires du siècle de Louis xiv, fut soixante-quatre ans
imprimeur. De pareils hommes ne rehaussent pas seulement leur profession, ils sont l'honneur et l'exemple
du pays. Aussi la plupart des imprimeurs qui ont payé
leur dette à la société par de longs et utiles travaux,
par la pratique des devoirs et des vertus de leur état,
ont-ils reçu une distinction que les familles cher-

choient à rendre aussi durable qu'elle étoit méritée.
Leurs portraits étoient peints et gravés par les premiers maîtres de l'époque, et ces portraits figurent
aujourd'hui, quel que soit l'abaissement de l'imprimerie, dans les collections publiques et particulières de
toutes les illustrations de la science et des arts [1]. Enfin,
pour que rien ne manquât à la reconnoissance publique envers ces honorables agens des lettres et de la
civilisation, les savans, les littérateurs, les historiens,
les magistrats même, leur apportoient un tribut
d'éloges, soit dans leurs propres ouvrages, soit dans
les écrits périodiques les plus répandus.

Voilà ce que fut l'ancienne imprimerie de Paris :
voyons ce qu'elle est maintenant, sans prévention,
sans regret du passé, et dans la confiance de l'avenir.

Depuis cinquante ans, les institutions qui la régissoient ont cessé d'exister. La loi du 17 mars 1791 avoit
proclamé toutes les professions libres : il ne pouvoit y
avoir d'exception aux principes qui dominoient à cette
époque. Il fallut tout renouveler ou modifier, du moins
dans les termes et dans la forme ; car ce qui ne peut

---

[1] *Voyez* ci-après les imprimeurs et libraires parisiens dont les por-
traits ont été peints par Philippe Champaigne, Van Dyck, Rigaud,
Van Loo, Cochin, etc., et gravés par Rousselet, Morin, Poilly,
Vermeulen, Duflos, Thomassin, et autres.

recevoir aucune atteinte des hommes, la nature même des choses ne pouvoit être changée. Aussi, après avoir détruit avec ardeur, a-t-il fallu bientôt reconstruire : le régime des priviléges et des abus étoit anéanti, mais ce n'étoit pas un régime d'anarchie qui pouvoit préserver l'état social de sa ruine. On a donc successivement réorganisé sur de nouvelles bases, plus ou moins rapprochées des anciennes, les institutions d'ordre et d'intérêt publics, qui sont de première nécessité pour tout gouvernement. Les maîtrises, les jurandes, les priviléges, franchises et immunités étoient proscrits; mais on fut forcé d'apporter des restrictions dans l'exercice de certaines professions, de limiter le nombre de leurs titulaires, qui devinrent, par le fait, de nouveaux privilégiés, pour cause d'utilité publique.

En ce qui touche l'imprimerie, sa destinée a répondu à l'importance du rôle que, dès son origine, elle a joué dans le monde moral et politique : aucune corporation, sans exception, n'a été aussi maltraitée par les événemens; car non seulement elle y a perdu tous les avantages que lui donnoit son organisation, distincte de celle des autres corps et métiers, et distincte surtout à raison de ses rapports intimes avec les lettres; mais, ce qui est beaucoup plus regrettable que certaines prérogatives, elle a perdu l'estime et la considération qui en faisoient l'une des professions les plus honorées du commerce.

De ce côté sa position n'a pas varié depuis un demi-siècle; elle n'a même reçu aucune amélioration ni des temps de paix, ni de l'activité toujours croissante de l'industrie, ni des progrès de l'instruction, ni même de la faveur apparente de la réduction du nombre des titulaires. Deux causes principales expliquent cette position.

La première tient à l'état d'isolement les uns des autres où furent placés sept à huit cents individus qui exercèrent tout à coup l'imprimerie dans la capitale, en l'absence de tous règlemens de police intérieure ou de discipline. La majeure partie de ces imprimeurs, ne pouvant trouver d'aliment que dans un désordre pro-longé, n'étoient guère disposés à se rapprocher, et à s'éclairer sur des intérêts qui étoient aussi divisés que les opinions. Près des deux tiers des trente-six anciens imprimeurs, presque tous ruinés, avoient abandonné leurs établissemens; et leurs successeurs naturels se gardèrent bien de les remplacer. Tous les liens entre les membres de la communauté furent donc rompus, et depuis ce temps ils n'ont pas cessé de l'être. Une profession ainsi exploitée par une multitude de gens dépourvus de connoissances pratiques, sans aucune instruction, qui ne possédoient pas un denier; qui, du jour au lendemain, ouvroient ateliers et les fermoient de même, pour échapper à leurs créanciers; une telle profession devoit perdre bientôt crédit et considération; et l'imprimerie, si long-temps honorée, perdit en effet ces deux élémens de prospérité, si précieux pour toutes les branches d'industrie [1].

La seconde cause, c'est l'abandon dans lequel les divers gouvernemens essayés depuis la révolution de

---

[1] Je crois être très réservé dans cet exposé de la situation de l'imprimerie à l'époque de la liberté des presses. Voici comment la représente P. Catineau La Roche, ancien imprimeur à Paris, auteur d'un écrit étendu sur l'organisation de l'imprimerie, si vivement réclamée sous l'Empire. Cet écrit a été publié en 1807, sous le titre de *Réflexions sur la librairie*, etc. « Des imprimeurs honnêtes, instruits, « dans l'aisance, intéressés à la tranquillité de l'État, attachés à leur « prince et jouissant de la considération publique, voilà le tableau de « l'imprimerie à l'époque de la Révolution. — Alors, dans Paris seu- « lement, mille presses s'élèvent, mille forcenés deviennent impri- « meurs comme par enchantement; ils ébranlent, ils renversent « l'État: et combien, dans la confusion générale, sont frappés à mort « par cette même arme qu'ils avoient saisie pour en percer leurs en- « nemis! N'importe, le nombre des imprimeurs ne diminue pas : de « là la ruine des anciens; bientôt après la ruine des nouveaux; de là « l'ignorance, la déconsidération et le mépris qui désolent une pro- « fession autrefois honorée, et qui méritoit de l'être; de là nulle sûreté « pour le commerce, nulle garantie pour les mœurs, pour le gouver- « nement : voilà au juste l'état de l'imprimerie en France. »

1789 jusqu'à celui de l'Empire ont laissé l'imprimerie et la librairie. Car cet oubli a surtout contribué à augmenter le désordre et la confusion de ces deux professions, dont les désastres successifs signaloient de plus en plus la détresse. Chaque gouvernement, tout effrayé du nombre excessif des imprimeries, et des embarras qu'elles lui suscitoient, se trouva sans force pour remédier à des abus qu'il étoit contraint de supporter, sous peine d'être accusé d'attenter à la liberté de la presse (qui n'implique cependant pas la liberté des presses, quand un nombre fixé d'établissemens suffit à tous les besoins et même à toutes les profusions de cette avide liberté). Ces gouvernemens étoient peu portés d'ailleurs à faire acte de protection en faveur d'une industrie qui se dégradoit par ses excès, et qui couroit d'elle-même à sa ruine. Cependant, même avant le siècle qui avoit entrepris, pour nous servir d'un terme technique, le remaniement général des institutions, on avoit expérimenté que l'art de l'imprimerie, tout à la fois si utile et si dangereux, étoit de sa nature trop différent des autres arts pour être assimilé aux autres professions industrielles, et soumis aux mêmes lois. A côté des enthousiastes de toutes théories nouvelles, il se rencontre toujours des esprits plus réfléchis, qui cherchent à se rendre compte de

leurs résultats. Les réclamations contre l'état anar-
chique de l'imprimerie commencèrent donc à s'élever de ses rangs mêmes [1], et se propagèrent bientôt
dans toutes les classes de la société. Pendant plus de
dix ans ces réclamations ne cessèrent pas de se repro-
duire; elles prirent même un caractère de plaintes de
la part de ceux qui exerçoient l'imprimerie et la librairie [2]. On étoit désormais suffisamment instruit, par

---

[1] *Moyen sûr et infaillible de rendre l'Imprimerie à son ancienne splendeur et à sa première activité*, par Cailleau; Paris, an VII (1799). Ce moyen étoit de fixer le nombre des imprimeurs à cinquante, qui auroient payé chacun 10,000 fr., et de rétablir une Chambre syndicale. L'auteur terminoit par cette observation : « Dans l'ancien régime, comme dans tous les gouvernemens abusifs, il existoit des institutions utiles. » — En 1806, M. Jacob aîné, imprimeur à Orléans, s'exprimoit ainsi dans un écrit intitulé *Idées générales sur les causes de l'anéantissement de l'Imprimerie, et sur la nécessité de rendre à cette Profession, ainsi qu'à celle de la Librairie, le rang honorable qu'elles ont toujours tenu l'une et l'autre parmi les arts libéraux.* « La seule et véritable cause des malheurs de l'imprimerie, c'est l'*anarchie* qui s'est introduite dans cette profession. Les départemens en ont d'autant mieux ressenti les funestes effets, que c'est là principalement que l'*ignorance* et l'*ineptie* se montrent avec le plus d'assurance. »

[2] De 1799 à 1810, un grand nombre d'écrits furent publiés pour présenter des plans de réforme de l'imprimerie et de la librairie, pour demander des règlemens avec instance; la réduction du nombre des imprimeurs, les uns à cinquante, les autres à quarante; un cautionnement, et le régime des permissions pour les livres. Parmi ces écrits,

l'expérience et par des calamités sans nombre, que cette industrie de l'imprimerie, en France, a besoin plus qu'aucune autre d'être réglée et mesurée dans son action, et qu'abandonnée à elle-même, elle tomberoit bientôt dans la plus misérable des conditions.

En 1810, par décret du 5 février, le Gouvernement impérial, parvenu à son apogée, et qui avoit assez peu d'estime pour la liberté de la presse, opéra la réduction du nombre des imprimeurs, moyennant indemnité préalable payée par ceux qui étoient conservés; et en même temps il établit la censure et l'impôt du timbre, surchargés d'un directeur-général de la librairie et de l'imprimerie. L'esprit qui avoit dirigé cette réforme n'étoit pas assez bienveillant pour que les imprimeurs eussent lieu de s'en féliciter ; car, avec le système de censure et de timbre sur le papier, le nombre des titu-

---

il en est un surtout que le nom et le caractère de son auteur rendent particulièrement recommandable. Il est intitulé *Mémoire sur le rétablissement de la Communauté des Imprimeurs de Paris, suivi de réflexions sur les contrefaçons en librairie, et sur le stéréotypage* ; par M. Stoupe, *imprimeur, ancien juge du Tribunal de commerce*. Paris, 1806. Dans la même année, Jacob aîné, imprimeur-libraire à Orléans, plaida la cause des imprimeurs des départemens dans un écrit où se fait remarquer spécialement une rare intelligence de la profession d'imprimeur. C'est la brochure dont le titre est rapporté à la page précédente.

laires restoit encore beaucoup trop élevé. Mais la chute précipitée du Gouvernement impérial, en 1814, ouvrit, avec la Restauration, une ère nouvelle à l'imprimerie.

L'on sait combien les dispositions, et bientôt les actes de ce Gouvernement furent hostiles à la presse, qui le lui rendit bien, durs et vexatoires envers les imprimeurs, qui souffroient patiemment. Toute la législation, pendant cette période, présente contre eux une série de pénalités que la révolution de Juillet a oublié d'effacer [1]. Les années de la Restauration ne pouvoient donc pas être favorables à un rapprochement utile et désirable entre des membres de la communauté. Depuis cette dernière époque, la situation de l'imprimerie a éprouvé de nouvelles atteintes. Dans la perturbation momentanée de l'ordre public, il surgit toujours des espérances chimériques, qui se font tout d'abord une large part de dépouilles et de profit. Dès le lendemain de la révolution de Juillet 1830, au mépris des lois mêmes pour la défense desquelles la population avoit combattu, plusieurs imprimeries

---

[1] L'article 12 de la loi du 21 octobre 1814 vaut à lui seul tout un Code pénal : « Le brevet pourra être retiré à tout imprimeur qui aura été convaincu, par un jugement, de contravention aux lois et règlemens. »

s'étoient déjà établies; et, quelques jours après, on demandoit à nos législateurs, avec la suppression des brevets, le libre exercice de l'imprimerie. On se retrouvoit presque à 1791. Mais, pour le bien des pétitionnaires, leurs vœux ne furent pas satisfaits. L'autorité se trouvoit donc dès lors appelée à exercer ses plus importantes fonctions, celles de défendre et de protéger des droits acquis, de faire observer la stricte exécution des lois qui régissent l'imprimerie, et de lui donner les règlemens promis. On sait si elle a rempli sa mission.

Cependant, après avoir échoué dans leurs prétentions, les imprimeurs intrus trouvèrent bientôt un expédient pour se soustraire à une loi dont l'action paroît être paralysée. Cet expédient, qui ne pouvoit réussir sans la participation des titulaires, prouveroit, s'il en étoit besoin, combien doit être désespérée la situation d'une industrie qui fournit ainsi des armes contre elle-même. L'autorité connoît certainement toute la gravité de l'abus qui s'est introduit dans l'exercice de l'imprimerie, au moyen des prête-noms. Elle sait que, contrairement à la loi, les établissemens d'imprimeurs *marrons* [1] sont autant d'ateliers particuliers,

---

[1] On ne comprend pas sous cette dénomination les imprimeurs qui possèdent un autre atelier autorisé hors de leur principal domicile,

entés sur les imprimeries de titulaires; et que le nombre des imprimeurs, fixé à *quatre-vingts* pour Paris, s'élève, en réalité, à près du double. Les conséquences d'un pareil abus ne peuvent être méconnues de l'administration; et si elle ne prenoit les moyens de le réprimer, l'imprimerie retomberoit inévitablement dans la situation où elle se trouvoit avant le décret du 5 février 1810. De la tolérance des prête-noms et des marrons à l'abolition des brevets, il n'y a qu'un pas.

En tout temps, des abus se sont introduits dans les divers corps d'états, et celui que nous signalons n'est pas nouveau; mais la répression en étoit promptement opérée par la sévérité des ordonnances sur ce point, et par la surveillance active des imprimeurs eux-mêmes. L'article 11 du règlement de 1723, que l'autorité a su quelquefois remettre en vigueur [1],

---

comme le nécessitent la plupart des grands journaux. Ces ateliers sont considérés comme des succursales, quand leur matériel appartient aux titulaires.

[1] En effet, plusieurs dispositions des anciens règlemens ont été implicitement reproduites dans le décret du 5 février 1810, et autres subséquens. Ce décret, et la loi du 21 octobre 1814, en limitant l'exercice de la profession d'imprimeur, ont consacré en principe, par une conséquence nécessaire, que cette profession, ainsi limitée, étoit

porte : « Les imprimeurs ou leurs veuves ne prêteront
« leur nom à qui que ce soit pour tenir imprimerie,
« à peine de confiscation des imprimeries et de cinq
« cents livres d'amende, et de pareille somme contre
« ceux qui se seront servis du nom des imprimeurs. »
Des ordonnances de police rappeloient fréquemment·
l'application de cet article, et les imprimeurs jouissoient sans partage du produit légitime de leurs établissemens.

Il ne dépendroit certainement que de l'administration de réparer tous les malheurs de l'imprimerie, et
de remettre en honneur cette *noble manufacture,*
comme l'appeloit Estienne Pasquier. Elle doit reconnoître qu'il n'existe aucune profession que l'on puisse
assimiler à l'imprimerie, qui participe tout à la fois
des lettres, des arts et de l'industrie. C'est à ces titres
que, dès sa naissance, elle a été spécialement protégée
et encouragée par nos Rois. On a vu que les détails les
plus minutieux de la police des ateliers occupoient les
soins des ministres et des premiers magistrats du
royaume : les heures du travail, le nombre de tirage

---

une concession du Gouvernement, qui ne pouvoit se passer d'une
législation spéciale ; et que cette législation ne se trouvant pas entière
dans les lois nouvelles, se complète nécessairement au moyen des anciens règlemens.

en rouge ou noir à rendre chaque jour, pour que la besogne fût faite *avec plus de curiosité;* les salaires gradués pour les ouvriers diligens ou paresseux; tout étoit réglé, selon les époques, par des arrêts de Parlement. Dans tous les temps l'administration s'est efforcée de maintenir l'ordre et la discipline du corps.

Cependant, si par le cours forcé du temps et des événemens l'imprimerie a éprouvé de graves préjudices, il faut reconnoître qu'ils sont dus aussi en partie à l'incurie et, il faut le dire, à l'impéritie de presque tous ceux qui l'ont exercée depuis la dissolution du corps; incurie de leurs intérêts communs, ignorance absolue de la profession[1]. Ce qui n'a pas varié, c'est l'ingratitude du métier, qui accorde à peine à des tribulations et à des inquiétudes de toute nature et de tous les instans, au travail le plus soutenu et le plus favorisé, une foible indemnité, souvent même compromise. De plus, les charges de la *fabrication* des livres se sont considérablement accrues sans aucune compensation; et cet accroissement est d'autant plus funeste qu'il simule à des yeux inexpérimentés une

---

[1] On trouve à l'article Maîtres imprimeurs, dans le Manuel typographique de M. A. Frey, ce classement assez juste des titulaires actuels des brevets d'imprimeur : «Des typographes, des imprimeurs, et de « simples propriétaires d'imprimerie. »

sorte de prospérité. Avec le matériel d'un établissement d'aujourd'hui, on formeroit trois imprimeries au moins comme celles d'autrefois.[1]; et les bénéfices sont loin d'être dans les mêmes rapports. On a peine à suivre toutes les variations de la forme des types; leur peu de durée répond aux caprices de leurs formes. Ancienne- ment, c'étoit un jour mémorable dans un atelier quand il y entroit une fonte neuve. Les presses à bras n'ont pas eu plus de fixité que les caractères; les presses litho- graphiques sont venues à la traverse pour leur faire concurrence, et l'usage précipité et trop étendu des presses mécaniques a annihilé les profits des unes et des autres. Si l'on ajoute les dépenses d'un personnel proportionné à l'importance des établissemens, la non-valeur d'une grande partie de matériel nécessaire- ment en repos, le dépérissement des caractères beau- coup plus prompt qu'autrefois, le système des adju- dications au rabais appliqué aux impressions, les effets d'une concurrence sans merci, et les pertes fré-

---

[1] Avant la révolution de 1789, on ne comptoit pas plus de deux cents presses à Paris, comme au commencement du XVIIIe siècle. En 1823, il y en avoit neuf cents, y compris l'Imprimerie royale; il y en a plus de quinze cents maintenant (1840), en comptant les presses mécaniques, au nombre de cent cinquante environ, pour cinq presses ordinaires l'une dans l'autre.

quentes, on aura une idée vraie de l'état de gêne et
de malaise de l'imprimerie actuelle, et de sa décevante
activité.

Si une telle situation devoit rester l'état normal
de l'imprimerie, il n'y auroit plus à s'en occuper. Il
faudroit seulement, par charité chrétienne, dire à
quiconque seroit assez malavisé pour faire choix de
cette profession : — « Vous que rien n'oblige à être
imprimeur, gardez-vous de le devenir. Si vous possédez
quelque pécule, vous aurez beaucoup de mal, et vous
l'absorberez bien vite. Si vous n'avez que de l'intelligence, de l'ardeur au travail, de l'ordre et de
l'économie à votre disposition, vous aurez encore plus
de mal, et vous ne parviendrez pas en quinze ans à
amortir le quart de votre dette, en admettant les
chances les plus favorables. Gardez-vous de vous faire
imprimeur. Soyez plutôt fabricant de jouets d'enfans;
c'est à peu près ce que sont les livres aujourd'hui, et
ils vous seront bien mieux payés. Vous ne serez pas
d'ailleurs responsable de vos œuvres envers la posté-
rité. »—

Mais l'affaire est beaucoup plus sérieuse pour les
quatre mille familles en France qui se trouvent
aujourd'hui engagées dans l'imprimerie ou liées à son
sort; et c'est cette considération qui ne permet pas

de supposer que le Gouvernement d'un Roi doué d'une
si haute intelligence des affaires et des intérêts publics,
reste long-temps encore spectateur de la ruine de la
plus noble des industries, sans lui prêter aide et
protection; car, nous ne saurions trop le faire en-
tendre, il n'est pas au pouvoir de ceux qui exercent
l'imprimerie d'améliorer eux-mêmes leur déplorable
situation : ils se trouvent entraînés à en subir toutes
les conséquences.

Nous savons tout ce qu'il faut de moyens à l'action
dévorante de la presse, à l'activité progressive et
aventureuse du commerce. Vous aurez donc des imprimeries à la vapeur, des établissemens à la Cockerill,
aux risques et périls des spéculateurs. Il se trouvera
toujours dans le nombre de quatre-vingts imprimeurs
des hommes entreprenans, prêts à tout hasarder,
même ce qu'ils n'ont pas, pour suffire aux plus vastes
entreprises industrielles; mais la majeure partie des
imprimeurs à Paris, comme dans les départemens,
préfèrent de modestes ateliers à la Franklin, et ne
désirent aujourd'hui que des travaux honnêtes et
durables, pour subvenir aux besoins de leurs familles
et des charges publiques, et à l'entretien de leurs
établissemens. Ceux qui n'avoient aucune connoissance
de la profession lorsqu'ils l'ont embrassée, savent

maintenant par expérience qu'il n'y a rien de plus
funeste non seulement à l'art typographique, mais à
ceux mêmes à qui on donne le droit de l'exercer, que
cette facile concession du titre d'imprimeur, faite sans
aucune garantie d'instruction littéraire. Dans cette
seule garantie cependant sont comprises toutes les
autres, ainsi que l'avenir de l'imprimerie; et il ne
dépendroit que du Gouvernement de l'exiger par des
règlemens à intervenir, et qui ont été formellement
promis dans les lois. C'est en effet sur ce point ca-
pital de l'instruction que toutes les opinions ont été
unanimes depuis quarante ans : car elle a toujours été
présentée comme la base de toute réorganisation de
l'imprimerie[1]. Ce principe étant admis, le rétablissement de la communauté, l'institution d'une chambre
de discipline, quelque nom qu'on veuille lui don-

---

[1] « La perfection de l'art, dit Catineau La Roche dans son projet
« de règlement, exige que ceux qui le professent aient de l'instruc-
« tion, parce que la considération dont les imprimeurs doivent jouir
« en dépend essentiellement. » — M. Jacob aîné, imprimeur d'Orléans,
écrivoit, en 1806, sur le même sujet : « Ce n'étoit et ce n'est encore
« que par la réunion de connoissances approfondies dans ces deux
« parties (la presse et la composition), et APRÈS DES ÉTUDES SOIGNÉES,
« qu'on pouvoit et qu'on peut être à la tête d'une imprimerie; et sans
« ce *faisceau de talens*, quiconque ose se dire IMPRIMEUR en impose à
« sa conscience et trompe le public. »

ner, ne paroîtront pas moins nécessaires à l'imprimerie qu'aux autres professions dont l'exercice est limité.[1]

Il est certain que lorsque l'imprimerie sera exercée par des hommes instruits, éclairés, plus rapprochés des gens de lettres par leurs goûts et leurs habitudes,

---

[1] Chaque jour le besoin de remédier au désordre de l'industrie et d'arrêter les progrès du mal se fait sentir de plus en plus. Les économistes les plus accrédités, organes de l'opinion publique, le proclament dans les journaux. On peut consulter à ce sujet un ouvrage récent de M. Félix de La Farelle, intitulé *Du Progrès social au profit des classes populaires non indigentes*, 1840; et l'article de M. Michel Chevalier sur ce livre, dans lequel se trouvent ces considérations, si dignes de l'attention des dépositaires du pouvoir : « Il faut rétablir les liens entre les hommes qui se livrent aux mêmes travaux; les intérêts homogènes doivent se grouper, s'associer. L'organisation ancienne fournira sous ce rapport des indications précieuses, et il y aura même lieu à lui faire des emprunts. — Chacun verra qu'il seroit possible de concilier l'existence des communautés industrielles avec la liberté du travail. Dans chaque branche de la production, la tendance à se serrer les uns contre les autres commence à se révéler. — Nous en sommes venus à ce point sous la loi de concurrence illimitée, que les accroissemens de la puissance productrice tournent fréquemment contre ceux qui produisent. » — Au lieu de *fréquemment*, que l'on mette *toujours* pour l'imprimerie; et de toutes ces paroles de M. Michel Chevalier, il n'en est pas une qui ne semble avoir été écrite pour le soutien de la thèse des imprimeurs, qui depuis plus de trente ans réclament une organisation.

que des spéculateurs de papier noirci, ces imprimeurs ne seront pas tout-à-fait sans influence sur les entreprises de la librairie. On les verra plus réservés à prêter le ministère de leurs presses, plus économes de leurs capitaux personnels ou étrangers, si souvent compromis dans des publications de nulle valeur littéraire; et s'ils ne sont pas assez heureux pour n'imprimer, comme le bon Camusat [1], que d'excellens livres, du moins épargneront-ils quelques-uns des plus mauvais au public. Enfin, la confiance et le crédit, qui se portent volontiers sur les industries sages et réglées, reviendront sans peine vers l'imprimerie et la librairie, et seconderont des travaux dirigés vers un but véritablement utile aux sciences, aux lettres et à la société. Et ce n'est pas là de l'utopie, ce sont des résultats doublement acquis à l'ancienne imprimerie de Paris et des provinces, tant par le grand nombre de sujets distingués [2] qu'elle devoit à

---

[1] *Voyez* ci-dessus, page 20.

[2] Ce fait est rappelé d'une manière heureuse dans les premières lignes de la Dédicace du *Catalogue des Libraires et des Imprimeurs de Paris*, adressée par Lottin l'aîné aux Recteur et Membres du tribunal de l'Université : « Vous offrir, Monseigneur et Messieurs, le Catalogue « des Libraires et Imprimeurs de la capitale, c'est présenter à l'Uni-« versité les noms d'une partie de ses enfans. » — « C'est dans ce Corps

l'Université, que par l'action régulatrice et tempérée des Chambres syndicales [1].

Cependant, dans l'état actuel des choses, malgré le nombre prodigieux de nos écrivains, malgré leur merveilleuse facilité à enfanter des volumes [2], malgré

« illustre, ajoute en terminant l'imprimeur reconnoissant, que j'ai eu
« le bonheur de recevoir l'éducation de ma jeunesse, et de puiser des
« principes qui, après m'avoir dirigé dans le cours de ma vie, feront
« la consolation de mes derniers ans. »

[1] Il est nécessaire de distinguer la position respective des imprimeurs et des libraires dans les Chambres syndicales, la part d'influence qu'ils y exerçoient, et la nature de leurs intérêts, pour apprécier à leur juste valeur les reproches que l'on a faits à la Chambre syndicale de Paris. Je me bornerai, quant à présent, à faire observer que les Chambres syndicales étoient composées en majorité de libraires, et que si des abus se commettoient, ils étoient plutôt le fait de l'esprit mercantile et de l'avidité du gain, que celui des imprimeurs. Ceux-ci, intéressés à conserver leurs prérogatives, leurs avantages, et la considération dont ils jouissoient, refusoient bien leurs presses à l'impression de livres licencieux ou condamnés par les parlemens; mais des libraires les faisoient fabriquer à l'étranger, et les introduisoient en France sous le couvert même des maîtresses de Louis xv.

[2] La multiplicité des écrivains (je ne dis pas des bons écrivains) peut être mise encore au nombre des calamités de l'imprimerie, et son influence sur les affaires du commerce de la librairie ne lui est pas moins dommageable. Ceci peut avoir l'air d'un paradoxe, et n'est qu'une vérité. Les libraires qui font fabriquer de méchans livres créent une mauvaise marchandise; et toute mauvaise marchandise est

l'activité apparente des entreprises de la librairie, et toutes ses combinaisons pour provoquer les acheteurs et accroître la consommation des livres, tous les travaux forcés, indispensables ou accidentels de l'imprimerie de Paris sont dans une disproportion effrayante avec le nombre de quinze cents presses qu'elle tient à la disposition du public. Tous ces travaux ensemble suffisent à peine pour entretenir, régulièrement pendant l'année, six cents presses dans les temps ordinaires, et n'en occuperoient pas trois cents en temps de troubles ou de guerre, à part l'impression des journaux, qui sont un hors-d'œuvre de l'imprimerie.

Il en résulte forcément une concurrence d'autant plus désastreuse entre les imprimeurs, que malgré cette insuffisance de travaux, il leur en faut à tout

---

un fonds sans valeur, qui par conséquent n'offre aux imprimeurs aucune garantie de leurs avances. Cette observation n'a pas échappé à l'auteur d'un *Mémoire sur le rétablissement de la Communauté des Imprimeurs de Paris*, le vénérable Stoupe, qui s'exprimoit ainsi en 1806 : « Les entreprises téméraires ont été poussées jusqu'à la dé- « mence, excitées par une multitude de jeunes écrivains qui dédai- « gnent les arts utiles qui exigent du travail, pour se livrer à la litté- « rature qui les désavoue et ne peut les nourrir. Plus de douze cents « romans ont été imprimés, dont la lecture ne peut être supportée « que par nos servantes et les femmes de nos marchés, qui n'en « valoient que mieux lorsqu'elles ne lisoient point. »

prix. Cette déplorable extrémité et ses conséquences ont été prévues et signalées dès le jour où les presses mécaniques ont envahi les ateliers, et qu'elles ont été appliquées avec tant d'irréflexion à toute espèce de labeurs [1].

Mais le mal est fait aujourd'hui, et il ne s'agit pas de détruire les presses mécaniques pour le réparer ; ce seroit leur donner une valeur qu'elles n'ont pas, et qu'elles ne peuvent avoir, de très long-temps au moins. Le seul remède au mal de l'imprimerie, c'est du travail. Mais ce travail est-il quelque part ? sans aucun doute, et le Gouvernement le tient dans ses mains.

---

[1] Les funestes résultats que l'on voit aujourd'hui de l'emploi immodéré et anticipé des presses mécaniques ont été signalés dès 1830 dans un écrit sagement conçu, et qui annonce chez son auteur une expérience très éclairée de la pratique de l'imprimerie. Il est intitulé *Considérations sur l'état actuel de l'Imprimerie, et sur l'emploi immodéré des Mécaniques dans les arts industriels,* par Emmanuel Ch..., auteur du *Tableau des principaux Poètes et Historiens grecs et latins,* etc.; Paris, 1830 (avant Juillet). Il est certainement bien rare qu'à dix ans de distance des prévisions soient aussi complétement réalisées que l'ont été celles de l'auteur de cet écrit. Le mal y étoit montré au doigt; ses progrès, ses ravages étoient tracés avec autant de tact que de précision; et l'auteur, qui en gémit sans doute, peut se dire avec raison : « A quoi servent les conseils? A quoi sert-il d'écrire? »

En 1830, on demandoit à la Chambre des Députés, par l'organe de Benjamin Constant, la suppréssion des brevets d'imprimeurs ; et on les taxoit de privilége, de monopole. Il a été répondu avec raison que si les brevets sont un privilége, il a été établi et maintenu, non assurément pour l'avantage et la satisfaction d'une classe d'individus, mais dans un intérêt de sûreté et d'ordre public, dont tout gouvernement est responsable envers le pays. Quant au monopole, que ce qui s'étoit passé dans l'imprimerie depuis la réduction du nombre des imprimeurs, par décret impérial du 5 février 1810, prouvoit que le besoin de travail et la concurrence avoient fait baisser les prix et presque annuler les bénéfices, contrairement à l'effet ordinaire des monopoles. On ajoutoit que s'il existoit un véritable monopole, c'étoit celui qu'exerce encore aujourd'hui l'Imprimerie royale, chargée exclusivement des impressions de tous les Ministères et des grandes Administrations, au préjudice des imprimeurs du commerce, qui paient patente et de lourds impôts. Nous avons exposé, il y a déjà trois années, quelques-unes des considérations d'équité et de raison qui devoient porter le Gouvernement à rendre aux imprimeurs de Paris et des Départemens des travaux qui leur étoient si nécessaires pour soutenir les charges croissantes de leurs établissemens.

Aujourd'hui c'est plus que l'équité et la raison qui les réclament, c'est l'humanité, c'est la détresse d'une industrie qui, après avoir rendu tant et de si grands services au pays, marche incessamment vers sa ruine. Ce que nous demandons, une Ordonnance nous l'a ôté, une Ordonnance peut nous le rendre. Espérons que cet acte royal, conforme dans ses principes à celui du 12 janvier 1820 [1], ne tardera pas à restituer à l'imprimerie

---

[1] Extrait de l'*Ordonnance du 12 janvier* 1820. — « Art. 1er. Le pri-
« vilége général d'exécuter toutes les impressions au compte de l'État,
« exclusivement attribué à l'Imprimerie royale avant le 1er janvier
« 1815, demeure supprimé, conformément à l'article 14 de notre or-
« donnance du 28 décembre 1814.

« Art. 2. L'attribution exclusive donnée à l'Imprimerie royale par
« l'article 8 de ladite ordonnance ne lui sera conservée que pour ce qui
« suit : 1°. Le service de notre cabinet et de notre Maison ; 2°. Celui
« de notre Chancellerie et de nos Conseils ; 3°. Les objets qui par leur
« nature exigent le secret, ou une garantie particulière, tels que bons
« et effets du Trésor, billets de loterie, congés, passe-ports, etc. ;
« 4°. L'impression et la distribution du Bulletin des Lois.

« Art. 4. Il sera loisible à nos Ministres et aux Chefs d'administra-
« tion générale, de s'adresser à l'Imprimerie royale, ou *de traiter*
« *avec tout imprimeur du commerce*, pour les impressions nécessaires
« à leur service.

« Art. 5. Il est interdit à l'Imprimerie royale aucun travail d'im-
« pression, soit pour des administrations autres que celles spécifiées à
« l'article précédent, soit pour les particuliers, à moins d'une auto-
« risation de notre Garde des Sceaux. »

ses plus légitimes travaux. Que de grâces, que de bénédictions accueilleroient cet acte de la protection
du Roi, que l'imprimerie jadis n'invoquoit jamais en
vain [1] !

Quand une bonne partie des imprimeurs sera pour-
vue de travaux durables, la position des uns et des
autres s'améliorera sensiblement. Chacun apportera
tous ses soins, toute son intelligence à exécuter de la
manière la plus économique des impressions qui ne
réclament pas une grande perfection typographique.
Les ateliers reviendront peu à peu à des dimensions
mieux proportionnées à la quantité assurée de travail. La concurrence, sans cesser d'agir, deviendra
plus clairvoyante, plus modérée ; et tous les intérêts
y trouveront leur compte, même ceux de la morale
publique, que les adjudications au rabais affligent si
souvent, comme elles dégradent la Typographie.

---

[1] Quoi que l'on fasse pour affoiblir le respect et les attributions de
l'autorité royale, tant qu'elle subsiste dans l'État, le Roi n'en est pas
moins le principe et la source de toute justice, comme il est le pro-
tecteur né de tous les intérêts de la société; c'est ce que le serment du
Roi des Pays-Bas formuloit naguère en ces termes : « Je jure de main-
« tenir les droits de tous et chacun de mes sujets, et d'employer à la
« conservation et à l'accroissement *de la prospérité générale et parti-*
« *culière*, ainsi que le doit un bon Roi, tous les moyens que les lois
« mettent à ma disposition. »

Si l'on veut ensuite rendre à cette profession libérale quelque chose de son ancien éclat, entretenir l'émulation du bon et du beau parmi ceux qui l'exercent, la replacer au rang qu'elle occupoit autrefois entre toutes les nations, et, je le dis à regret, qu'elle a évidemment perdu, ce sont des encouragemens qu'il lui faut comme aux arts et aux lettres; et ces encouragemens, dans l'esprit de nos institutions, ne sont autres que des travaux, comme on en distribue aux peintres, aux sculpteurs, aux architectes, aux graveurs. Ce moyen de relever l'imprimerie seroit aussi honorable pour le Gouvernement qu'avantageux au pays, qu'il doteroit de grandes collections de bons et beaux livres [1] ; car la librairie, moins qu'en aucun temps, n'est en état d'en

---

[1] Deux Ministres de l'Instruction publique, M. Guizot et M. de Salvandy, ont récemment, et de leur propre mouvement, confié à des imprimeries particulières l'impression de plusieurs volumes de la *Collection des Documents inédits sur l'Histoire de France, publiés par ordre du Roi*, et avec les fonds votés par les Chambres. La même décision a été prise par les Ministres qui leur ont succédé, M. Villemain et M. Cousin. La pénurie de travaux où se trouvent forcément des imprimeries qui ne peuvent lutter contre une concurrence à tous prix a fait recevoir l'impression de ces volumes comme un bienfait, dont nous ne saurions exprimer ici trop haut notre reconnoissance envers ces Ministres.

produire de cette nature, parce qu'il ne s'est jamais trouvé en France moins de public pour les acheter.

Nous n'ignorons pas toutefois les obstacles que peut rencontrer l'administration pour améliorer la situation de l'imprimerie, surtout si elle n'est pas secondée par le pouvoir judiciaire : mais du moment où elle aura la force nécessaire pour protéger cette profession et lui donner une organisation régulière, sanctionnée par les lois, l'imprimerie, que nous séparons toujours de la presse, ne tardera pas à recouvrer son ancien lustre; et, au découragement de ceux qui l'exercent dans la capitale et dans les départemens, succédera bientôt, nous en avons l'assurance, une noble rivalité, réellement profitable aux lettres et à l'art typographique.

IMPRIMEURS ET LIBRAIRES DE PARIS

DONT IL EXISTE DES PORTRAITS GRAVÉS.

Uldericus GUERNICH, Proto-Typographus, Parisiis, 1510 [1].

> Gravé par L. Boudan. (A la Bibliothèque royale.)

Au bas est écrit : « Gist au Colege de Montaigu, à Paris. Il en est « bienfaicteur, et son portrait est dans la chapelle, sur lequel « celuy-cy a esté pris. — Il a aporté le premier l'imprimerie en « France. »

Ulric Gering, de Constance, premier imprimeur de Paris. — Quarante ans d'exercice, de 1470 à 1510.

Jodocus BADIUS Ascencius, linguæ latinæ et græcæ Professor Lugdunensis, Typographus dein Parisiensis celeberrimus. Natus 1462; denatus an. 1535.

> Dans l'ouvrage de Frédéric Roth-Scholtz, intitulé *Icones Bibliopolarum et Typographorum de republica litteraria bene meritorum , ab incunabulis typographiæ ad nostra usque tempora.* Norinbergæ, 1726-1729, 2 part. in-fol.

Josse Bade d'Asch, imprimeur-libraire, graveur et fondeur de caractères. — Trente-sept ans d'exercice, de 1498 à 1535.

---

[1] M. De Bure l'aîné possède dans sa Collection une épreuve de ce même portrait gravé par Boudan, sur laquelle se trouve la date de 1469, au lieu de 1510. La date de 1469 est celle de l'arrivée de Gering à Paris; la date de 1510 est celle de sa mort. M. De Bure a mis le plus obligeant empressement à m'ouvrir les cartons de sa collection, qui contiennent les portraits des imprimeurs et libraires de France et des pays étrangers; et je lui suis redevable d'avoir pu compléter cette liste. Sa collection, la plus riche peut-être qui existe aujourd'hui en Europe, se compose de plus de soixante mille portraits de divers personnages.

Robertus STEPHANUS.

> Deux portraits : l'un gravé par Henri Hondius, au monogramme Hh ;
> l'autre, par Desrochers.

Au bas du portrait de Desrochers, on lit ces lignes gravées :
« Sçavant imprimeur par sa parfaite connoissance des langues et
« des belles-lettres. Né à Paris; mort protestant à Genève, l'an
« 1559, âgé de cinquante-six ans. »

Et plus bas, dans un cartouche, ces vers de Thiboust, l'auteur
du poème latin sur la Typographie :

> Ce savant à jamais vivra
> Digne du temple de Mémoire,
> Et chez les imprimeurs sa gloire
> Autant que leur art durera.

Un autre portrait de Robert Estienne se trouve dans les *Annales*
typographiques de Maittaire, gravé par D. Coster.

Au bas de ce portrait on lit ce quatrain :

> Robertum *cernis* Stephanum, *quem gallicus orbis*
> *Miratur. Primus calcographum Stephanus,*
> *Qui pius et doctus procudit scripta piorum :*
> *Sorbona hinc non vult impia ferre virum.*

Un quatrième portrait en pied, dessiné par C. Jacquand et gravé
par Leclerc, a été inséré dans la Notice sur Robert Estienne, qui
fait partie du *Plutarque français* publié par M. Mennechet.

Robert Estienne, imprimeur-libraire.—Trente-quatre ans d'exercice, de 1525 à 1559.

Feder. MORELLUS Federici nobilis genere Campani filius, Professorum et interp. regiorum decanus. Anno ætatis lix, Sal. 1617.

Frédéric Morel, deuxième du nom; imprimeur du Roi. — Cinquante ans d'exercice, de 1580 à 1630.

Claudius MORELLUS, Archytypographus regius anno 1626, ætatis suæ 52.

Claude Morel, second fils de Frédéric i, imprimeur-libraire.
—Quarante-sept ans d'exercice, de 1579 à 1626.

Sebastien CRAMOISY, Regis Archytypographus, regiæ typographiæ Lupareæ Director, urbis Parisiensis ex-Consul,
pauperum Administrator, vixit annos 83, obiit anno 1669,
die 29 januarii.

Gravé par Rousselet en 1672.

Sébastien Cramoisy, deuxième du nom, premier directeur de
l'Imprimerie royale établie au Louvre, échevin, juge-consul, syndic. — Soixante-sept ans d'exercice, de 1602 à 1669.

Sebastianus MABRE CRAMOISY, Regis Archytypographus, regiæ typographiæ Lupareæ Director. Vixit annos 45, obiit anno 1687, die 9 junii.

Gravé par Vermeulen.

Sébastien Mabre-Cramoisy, petit-fils maternel de Sébastien ii,
premier imprimeur du Roi, successeur de Sébastien Cramoisy dans
la direction de l'Imprimerie royale. — Vingt-huit ans d'exercice,
de 1659 à 1687.

Quoiqu'il ne se trouve pas d'écusson au bas de ce portrait, la
famille Mabre-Cramoisy avoit des armoiries qui portoient d'argent
coupé de sable à trois colonnes de l'une en l'autre posées en pal,
parti d'argent à un ancre de sable posé en pal et un chef d'azur
chargé de trois étoiles d'or. (*Armorial de Paris,* au nom Cramoisy;
Ms. de la Bibliothèque royale.)

Antonius VITRÉ, Regis et Cleri gallicani Typographus.

Peint par Philip. Champaigne, gravé par Morin.

Autre portrait, gravé par Moncornet.

Autre portrait, dans l'ouvrage de Roth-Scholtz.

Antoine Vitré, imprimeur ordinaire du Roi ès langues orientales, et directeur de l'Hôpital-général. Son nom se trouve imprimé
Vitray et *Vitré* dans sa Polyglotte. — Soixante-quatre ans d'exercice, de 1610 à 1674.

Fʀᴀɴçᴏɪs LANGLOIS, dit *de Chartres*, libraire et marchand d'estampes.

Peint par Van Dyck; gravé par Nic. Poilly en 1645.

Libraire. — Vingt et un ans d'exercice, de 1634 à 1655.

Rᴏʙᴇʀᴛ BALLARD, Consulariæ (*sic*) jurisdict. Præfect: anno
1666, Regis Christ. musicæ Monotypographus, necnon
Psal. capitulæ Notator ad an. 1672.

Peint par Lefèvre; gravé par Duflos en 1713.

Un écusson armorié est gravé au bas du portrait. Il porte d'azur
à une face d'or chargée d'un demi-vol de sable, et accompagnée
de trois balles d'argent. (*Armorial de Paris*, page 1345, recto;
Ms. de la Bibliothèque royale.)

Robert Bᴀʟʟᴀʀᴅ, deuxième du nom de Robert, imprimeur-
libraire, et seul imprimeur du Roi pour la musique. — Trente-
neuf ans d'exercice, de 1640 à 1679.

DENISE, fille de Jean Camusat, et femme de Pierre Le Petit,
morte le 12 novembre 1675, âgée de 46 ans.

Gravé par Trouvain en 1697.

Pierre Le Petit, gendre de Jean Camusat, étoit imprimeur du
Roi et de l'Académié française. Sa femme étoit d'une grande
beauté, et le graveur n'est pas resté inférieur au modèle.

Au bas du portrait est gravé ce sixain :

> Ce front offre à tes yeux la douceur, la prudence
> De celle que la Providence
> Mit trop tôt pour les siens dans l'éternel repos.
> C'est le visage d'une femme;
> Mais si tu pouvois voir son âme,
> Tu verrois l'âme d'un héros.

Dyonysius THIERRY, Consularis jurisdictionis Parisiensis
Præfectus, anno 1689.   .

Peint par Ferdinand en 1690, gravé par Duflos en 1711.

Autre portrait d'après Lahire, gravé par Landry. Ce dernier
portrait, gravé de nouveau par Landry, pour le frontispice d'un
Missel de l'ordre de Saint-François, dont Thierry étoit imprimeur.

Denys Thierry, deuxième du nom, imprimeur-libraire. Il étoit
libraire de Boileau, qui l'a nommé dans l'Épître à ses Vers. En 1682,
l'ambassadeur de Maroc visita son imprimerie. — Soixante ans
d'exercice, de 1652 à 1712.

Fredericus LEONARD Bruxellensis, Regis, serenissimi Delphini et Cleri gallicani Archytypographus. Ætatis lxvi,
anno mdclxxxix.

Peint par Rigaud, gravé par Edelinck.

Avec écusson armorié, et la devise *Fortior invidia virtus.* Il
porte de sinople à une tête de bélier d'or, accompagné de trois
bezans d'argent, deux en chef et un en pointe.

Autre portrait, *ætatis* lxix, 1693; peint par Rigaud, gravé par
Vermeulen, avec les mêmes armoiries et la même devise.

Autre portrait gravé par Beck dans l'ouvrage de Roth-Scholtz.

Frédéric Léonard, premier du nom, de Bruxelles, imprimeur
ordinaire du Roi.—Cinquante-neuf ans d'exercice, de 1653 à 1712.

Joannes-Baptista COIGNARD, Regis et Academiæ gallicæ
Archytypographus. Obiit Parisiis anno 1689, 10 sept.,
ætatis suæ lii.

Gravé par Duflos.

Au bas du portrait sont gravées les armoiries de Coignard, qui
portoit de gueules à trois coignées d'argent emmanchées de même,
posées deux et une, et un chef cousu d'azur chargé d'une couronne

de laurier d'or, accostée de deux étoiles à six rais de même. (*Armorial de Paris*, page 826, verso.)

Jean-Baptiste Coignard, premier du nom, imprimeur-libraire. —Trente et un ans d'exercice, de 1658 à 1689.

Jean-Baptiste **COIGNARD**, Regis et Academiæ gallicæ Typographus, Parisiensis ex-Consul, Typographorum ac Bibliopolarum ex-Syndicus, Administrator pauperum. Offerebat Joannes Baptista Coignard filius, Typographus regius.

Peint par Pesne en 1724, gravé par G.-E. Petit en 1732.

Avec l'écusson armorié, comme ci-dessus, au bas du portrait.

Jean-Baptiste Coignard, deuxième du nom, imprimeur du Roi et de l'Académie française. — Cinquante ans d'exercice, de 1687 à 1737.

Jean-Baptiste **COIGNARD**, Regis et Academiæ gallicæ Typographus. Offerebat P. Æ. Le Mercier et Elisabeth Boudet.

Peint par Voiriot, gravé par Daullé.

Jean-Baptiste Coignard, troisième du nom, imprimeur du Roi et de l'Académie française, fondateur d'un prix à l'Université. — Quarante ans d'exercice, de 1713 à 1752.

François **MUGUET**, premier imprimeur du Roy et du Clergé de France.

Peint par Simon Dequoy, gravé par S. Thomassin en 1700.

Avec écusson armorié.

Le même portrait réduit.

Cet imprimeur du Roi fut décrété de prise de corps par arrêt du Parlement du 29 avril 1663, pour avoir imprimé une bulle reçue en lit de justice le même jour. Par le même arrêt il fut fait défenses de publier les bulles avant que les Lettres-patentes eussent été enregistrées en la Cour.

Imprimeur-libraire.—Quarante-quatre ans d'exercice, de 1658 à 1702.

PETRUS EMERY, Biblio-typographorum Parisiensium, nec-non suæ Societatis procuratorum Decanus.

> Gravé par Moyreau en 1729.

Pierre ÉMERY, doyen des syndics de la Communauté des libraires-imprimeurs, libraire. — Quarante-sept ans d'exercice, de 1683 à 1730.

PIERRE-AUGUSTIN LE MERCIER, imprimeur ordinaire de la Ville, ancien syndic de la Communauté, mort le 9 janvier 1734, âgé de soixante-huit ans.

> Peint par L. Vanloo, premier peintre du Roi d'Espagne, gravé par J. Daullé.

L'abbé Molinier a écrit ce quatrain, qui se trouve sur quelques exemplaires de ce portrait :

> La Nature avoit peint de ses traits les plus doux
> Celui dont le burin rend ici la figure;
> Obligeant, ami vif, bon père, bon époux,
> On le voit : mais quels traits auroient peint sa droiture ?

Imprimeur-libraire, imprimeur ordinaire de la Ville, syndic. Reçu libraire à vingt-deux ans, imprimeur à vingt-neuf ans. —Quarante-sept ans d'exercice, de 1687 à 1734.

CLAUDE-LOUIS THIBOUST, imprimeur et libraire, né à Paris le 14 novembre 1667, mort le 22 avril 1737.

> Gravé par J. Daullé.

Auteur du poème *Typographiæ excellentia*. Son fils Claude-Charles Thiboust a fait ce quatrain, gravé au bas du portrait :

> Docte, enjoué, plaisant, ce vieillard agréable
> Fut un mortel humain, généreux, secourable ;
> Bon père, tendre ami, sans détour et sans fard ;
> Et celui de nos jours qui sut le mieux son art.

Libraire et imprimeur de l'Université, graveur et fondeur de caractères. — Quarante-trois ans d'exercice, de 1694 à 1737.

Jacques VINCENT, imprimeur-libraire, syndic en 1744, mort le 7 mai 1760, âgé de quatre-vingt-huit ans.

Gravé par N.-P. de Poilly.

Au bas du portrait on lit ce quatrain :

> Aux mœurs de l'ancien temps il joignit la bonté,
> Aux talens, aux succès l'exacte probité ;
> Austère pour lui seul, il fut pour tous affable,
> Tendre époux, ami, père, en tout inimitable.

Imprimeur des États de Languedoc. Le graveur de Poilly étoit son gendre. Son fils Jacques-Claude Vincent, bibliothécaire de Saint-Remy de Reims, étoit bénédictin de la savante congrégation de Saint-Maur. — Quarante-six ans d'exercice, de 1704 à 1750.

P. PRAULT, Typographus Parisiensis.

Portrait en médaillon dessiné par Cochin, gravé par Laurent Cars, 1755.

Pierre PRAULT, de Bourges, libraire et imprimeur des Fermes et Droits du Roi. — Quarante-sept ans d'exercice, de 1711 à 1758. Mort en 1768, âgé de quatre-vingt-trois ans.

L.-F. PRAULT filius, Regis Typographus.

Portrait en médaillon dessiné par Cochin en 1765, gravé par Cathelin en 1766.

Laurent-François PRAULT, imprimeur ordinaire du Roi ; libraire en 1733, imprimeur en 1758. — Quarante-sept ans d'exercice, de 1733 à 1780.

L.-F. PRAULT.

Portrait en médaillon dessiné par Cochin en 1786, gravé par Saint-Aubin.

Louis-François PRAULT, premier fils de Laurent-François, imprimeur ordinaire du Roi. — Libraire en 1753, imprimeur en 1781, exerçoit depuis trente-six ans à l'époque de la révolution de 1789.

P.-J. MARIETTE, contrôleur-général de la Grande-Chancellerie, honoraire de l'Académie de peinture et sculpture, né à Paris le 7 mai 1694.

Dessiné par C.-N. Cochin en 1756, gravé par Aug. de Saint-Aubin en 1765.

Pierre-Jean MARIETTE, libraire et imprimeur; secrétaire du Roi en 1752, après s'être démis de son imprimerie; mort en 1774. Mariette est auteur de plusieurs ouvrages estimés, et qui font autorité dans les arts. Il a publié entre autres un *Traité des Pierres antiques gravées du Cabinet du Roi,* 2 vol. in-fol.; 1750, de l'*imprimerie de l'Auteur;* le Catalogue des Collections d'estampes qu'il a laissées après sa mort forme un volume in-8° de plus de 500 pages. — Trente-six ans d'exercice, de 1714 à 1750.

PIERRE-GUILLAUME SIMON, imprimeur du Parlement, né le 10 avril 1722, reçu en l'année 1735, adjoint en survivance de PIERRE SIMON son père, décédé le 29 juin 1741.

Peint par Pougin de Saint-Aubin en 1770; gravé par Ingouf en 1786.

Pierre-Guillaume SIMON, imprimeur du Clergé de France et du Parlement. — Quarante-neuf ans d'exercice, de 1738 à 1787.

Au verso de l'exemplaire de ce portrait, qui est à la Bibliothèque royale, se trouve la lettre suivante, écrite de la main de Simon, et adressée à M. Le Noir, conseiller d'État, lieutenant de police:

« Cette estampe a paru d'un grand mérite pour la ressemblance. « Elle est si supérieure par la finesse du burin, qu'à ce *dernier* « *titre seul* (ces mots sont soulignés dans la lettre), j'ose prendre « la liberté de la mettre sous les yeux de Monsieur.

« Depuis trois ans un rhumatisme goutteux a privé Simon de
« présenter ses vœux annuels à ses supérieurs. »

Au bas de cette lettre une autre main a écrit ces lignes :

« Cette estampe fut terminée à peine huit jours avant la mort
« de M. Simon, dont les amis ont exprimé leurs sentimens par
« ce distique :

> « Du suprême Sénat (*le Parlement*) il eut la confiance,
> « De ses égaux l'amour, de son art la science. »

CHARLES-ANTOINE JOMBERT, libraire du Roy pour le Génie et l'Artillerie.

Portrait en médaillon dessiné par C.-N. Cochin, gravé par Aug. de
Saint-Aubin en 1770.

Libraire et imprimeur, syndic de la Communauté. —Quarante-
huit ans d'exercice, de 1736 à 1784, comme libraire, et seulement
six ans comme imprimeur, de 1754 à 1760.

P.-S. FOURNIER, né en 1712, mort en 1768.

Peint par Bichu en 1748, gravé par C.-S. Gaucher.

Pierre-Simon FOURNIER, graveur et fondeur, imprimeur par
arrêt du Conseil, en 1762; auteur du *Manuel typographique*.

SAUGRAIN, sixième libraire de ce nom, de père en fils, depuis 1518.

Portrait en médaillon gravé par Ficquet.

Il ne se trouve, sur le portrait, aucune autre indication de la
personne de ce libraire, qui est probablement *Claude* MARIN II,
libraire depuis 1759, et qui exerçoit encore en 1789, avec les fonctions de garde de la Bibliothèque du comte d'Artois. — Trente
ans en exercice, de 1759 à 1789.

A.-F. KNAPEN, syndic de la Librairie et consul.

Portrait dessiné au physionotrace.

André-François KNAPEN, imprimeur de la Cour des aides, avoit
été reçu libraire en 1747, et imprimeur en 1749. Il a exercé encore

pendant quelques années du xix° siècle. Il est mort âgé de plus de quatre-vingt-dix ans. Je l'ai vu plusieurs fois dans son imprimerie séculaire, située au quatrième étage de la maison qui fait face au pont Saint-Michel. — Environ soixante ans d'exercice.

A.-M.-P. KNAPEN, membre de plusieurs Académies et Sociétés littéraires.

Portrait au physionotrace.

Achille-Maximin-Philogone KNAPEN, libraire de la Grande-Prévôté. En 1783, imprimeur pour exercer concurremment avec son père. Il quitta la librairie à l'époque de la révolution, pour suivre la carrière des lettres.

AUGUSTIN-MARTIN LOTTIN.

Dessiné par Fouquet, gravé par Chrétien, inventeur du physionotrace, en 1792. (A la Bibliothèque royale.)

Augustin-Martin LOTTIN, libraire et imprimeur de l'Hôtel-de-Ville; reçu libraire le 9 février 1748, reçu imprimeur le 3 août 1752. Au haut du portrait on lit : *Amicus, Amicum, Amicis;* et au bas est écrit : « Cet imprimeur a enseigné l'art de l'imprimerie à LL. MM. Louis XVI et Louis XVIII, et à S. A. R. Monsieur, comte d'Artois. » — Quarante-deux ans d'exercice, de 1746 à 1788, et exerçoit encore à l'époque de la révolution de 1789.

DE LA TOUR, libraire-imprimeur de la Compagnie des Jésuites.

Médaillon au physionotrace. (Collect. de M. De Bure.)

Louis-François DE LA TOUR, fut reçu libraire en 1745, et imprimeur en 1750. Il se démit de son imprimerie en 1778, pour acheter une charge de secrétaire du Roi en 1779. Gendre et associé de Guérin, libraire et imprimeur de beaucoup de mérite, il réunit la fortune de deux maisons des plus riches de la librairie de Paris; on l'appeloit De La Tour-Guérin. Le titre d'imprimeur de la Compagnie des Jésuites, qui dut être très productif à De La Tour pendant le long procès de cette riche Compagnie, se trouve sur le portrait ci-dessus mentionné. Louis-François De La Tour, né en 1727, mourut à Paris en 1807, âgé de quatre-vingts ans. Son goût pour les arts le porta à recueillir des curiosités de la Chine. Pendant trente ans il fut en correspondance avec les missionnaires de Pékin, qui lui envoyoient les collections les plus précieuses en tous genres. C'est à l'aide de ces matériaux que De La Tour a composé un ouvrage intitulé *Essais sur l'Architecture des Chinois, sur leurs Jardins, leurs principes de Médecine, et leurs Mœurs et Usages, avec des notes;* en deux parties, 1803, in-8°, avec une seule pagination. La deuxième partie commence à la page 245, par un faux titre. Le volume contient 568 pages, et un feuillet d'*errata*. Cet ouvrage n'ayant été tiré qu'à *trente-six* exemplaires, il peut être regardé comme une rareté bibliographique. Un de ces trente-six exemplaires, qui m'a été communiqué par M. Leblanc, ancien imprimeur-libraire, est orné d'un portrait original de l'auteur, dessiné à l'encre de la Chine par une main habile.

Philippe-Denys PIERRES.

Portrait au trait, en médaillon.

Premier imprimeur du Roi et de l'Assemblée des Notables à Versailles, en 1787. Il étoit en outre imprimeur de la Police, de l'administration des Postes, du Collége royal de France, des Chanoines réguliers de la congrégation de France, des Bénédictins de la congrégation de Saint-Maur, des États de Provence, et de la Société royale de Médecine. — Vingt-six ans d'exercice, depuis 1763 jusqu'à 1789.

Charles-Joseph PANCKOUCKE.

Portrait lithographié par Langlumé.

On lit au bas de ce portrait : « A C.-J. Panckoucke, éditeur de « l'*Encyclopédie méthodique*, son fils C.-L.-F. Panckoucke, éditeur « des *Victoires des Français*, du *Dictionnaire des Sciences médi-* « *cales*, etc., etc. 1819. »

Charles-Joseph Panckoucke, libraire de Lille, reçu libraire à Paris en 1762, a exercé jusqu'à la fin de 1798, époque de sa mort. — Trente-six ans d'exercice.

ONFROY (Eugène), gendre d'Augustin-Martin Lottin, reçu libraire à Paris le 13 mars 1772, mort le 14 décembre 1809.

Portrait en médaillon, dessiné au physionotrace, et gravé par Quenedey en 1803.

Eugène Onfroy étoit libraire de la Grande-Prévôté en 1788. — Trente-sept ans d'exercice, de 1772 à 1809.

A.-F.-M. MOMORO, imprimeur de la Liberté nationale, 1789.

Portrait en médaillon, au bas duquel se trouve ce quatrain :

Liberté d'imprimer, liberté de penser,
Il osa le premier d'un si beau droit user;
Il étoit citoyen, il eut de l'énergie:
L'amour du bien public fait son apologie.

Antoine-François Momoro, natif de Besançon, reçu libraire à Paris le 29 décembre 1787. Il n'attendit pas, en effet, la loi de 1791 pour établir une imprimerie, et fut, comme il s'intituloit, le *premier imprimeur de la Liberté*. A cette imprimerie il joignit la fonderie de Jean-François Fournier, dont il avoit épousé la petite-nièce. C'étoit plus qu'il n'en falloit pour exercer toutes les facultés d'un homme passionné pour la typographie : mais Momoro étoit plus ardent que le feu des fourneaux de sa fonderie. Sa fougue révolutionnaire le fit entrer des premiers dans le club des Cordeliers, et de là il monta à l'échafaud, le 24 mars 1794, avec toute la séquelle Hébertiste; il étoit à peine âgé de trente-huit ans. Dans cette même année 1794, et à peu de jours de distance, trois imprimeurs périrent sur l'échafaud à Paris : Collignon, de Metz, comme royaliste; Anisson-Dupéron, comme aristocrate; et Momoro, comme furieux démagogue. Il n'avoit pas d'autres prénoms que

---

' Jean-Baptiste Collignon, né le 7 janvier 1734, guillotiné le 18 mars 1794, âgé de soixante ans; Momoro, le 24 mars; et Estienne-Alexandre-Jacques Anisson-Dupéron, le 25 avril, à l'âge de quarante-six ans.

ceux d'*Antoine-François*. Les trois initiales A.-F.-M. qui précèdent son nom sur son portrait ne peuvent donc être attribuées qu'à une erreur. Il n'y a pas eu, et il n'existera probablement jamais, deux imprimeurs de la trempe et du caractère de Momoro, qui s'étoit séparé de Danton et de Robespierre parce qu'il les trouvoit trop modérés.

Momoro avoit publié, en 1789, un *Manuel des impositions typographiques*, in-12 de 24 pages, contenant soixante-douze impositions des différens formats, en 23 planches. En 1792, il donna un supplément de vingt-cinq impositions, en 4 planches. En 1793, il imprima son *Traité élémentaire de l'Imprimerie*, ou le *Manuel de l'Imprimeur*, in-8°, avec 36 planches, et non pas 40, comme il est imprimé sur le titre du livre. Ce *Traité de l'Imprimerie* est loin de justifier l'éloge qu'en ont fait les bibliographes et les biographes, qui se sont répétés sans qu'aucun ait probablement jeté les yeux sur la première page du livre. C'est une nomenclature incomplète et indigeste de termes typographiques, rédigée dans un langage informe. L'ouvrage, imprimé en 1793, étoit composé depuis 1785, et l'on s'en aperçoit à certains mots qui figurent dans le vocabulaire, tels que Bienvenue, Billets de congé, Chapelain, Droit de chevet, Droit des quatre heures, Privilége, Adjoint, etc. L'auteur a soin d'indiquer que ces articles, et autres du même genre, sont d'*ancien régime :* mais c'est aujourd'hui la seule partie intéressante de son livre, où l'on retrouve ainsi la trace de quelques usages de l'ancienne imprimerie. Ce qui s'y fait aussi remarquer, c'est l'enthousiasme de l'auteur pour l'imprimerie, qu'il n'exerçoit pas encore lorsqu'il rédigeoit son *Traité;* enthousiasme qui, plus tard, changea si malheureusement de nature; c'est aussi le désintéressement qui l'anime, et qu'il voudroit plus souvent rencontrer pour l'honneur de l'imprimerie. Afin de mieux faire connoître les sentimens de l'auteur à cet égard, je citerai *textuellement* quelques passages de son livre, fort peu connu d'ailleurs, et encore moins consulté aujourd'hui.

« Un imprimeur, curieux de voir sortir de beaux ouvrages de ses presses, n'épargne point les étoffes; il ne permet même pas qu'on travaille avec des étoffes un peu usées.

« Les maîtres imprimeurs peu curieux de belle impression, et plus avides d'argent que de renommée, ou donnent des étoffes de loin en loin, ou se font tirer l'oreille pour en donner; cela coûte de l'argent..... (Page 168.)

« La manie d'imprimer est portée, au siècle où j'écris, au point de faire des ouvriers de tout ce qui se présente pour entrer dans cet état.

« Les Estienne avoient raison de se plaindre de l'ignorance de certains imprimeurs de leur temps. S'ils voyoient une partie de ceux d'aujourd'hui, que ne diroient-ils point?

« Loin qu'un maître imprimeur sache la langue latine, lire le grec, et son état, le dirai-je? quelques-uns ne savent pas leur français, leur langue naturelle.

« J'ai vu des chapeliers, avec de la fortune, acheter une imprimerie, obtenir un privilége; et, ne sachant faire que des chapeaux, se mettre à la tête d'un état dont ils n'avoient pas les premières notions.

« D'autres, après avoir fait le métier de charlatan, de baladin, de musicien, devenir imprimeurs. O honte !

« D'autres encore traiter d'une imprimerie comme d'une usine; spéculer son produit, et non l'honneur de l'art.

« Comment est-il possible qu'il sorte de beaux ouvrages, et bien corrects, de ces presses? Comment peut-on accorder des priviléges aussi facilement? que ne les donne-t-on au mérite? Pourquoi ne tient-on pas la main à ce que l'on n'admette au concours que des imprimeurs instruits, et ayant les qualités requises pour obtenir des priviléges? » (Pages 211 et 212.)

Les abus que signale Momoro n'avoient pas encore lieu à Paris, mais ils étoient déjà fréquens dans les provinces, surtout vers l'époque où il écrivoit son *Traité de l'Imprimerie;* car dans le même temps l'autorité commençoit à perdre de sa force, et laissoit empiéter sur les règlemens.

Plus loin, à l'article ORTHOGRAPHE, l'auteur fait cette remarque : « Dans les premiers temps de l'imprimerie, des gens de lettres se sont fait honneur d'exercer cet art. Mais, hélas! dans la suite, la cupidité leur a substitué ou des ignorans, ou des spéculateurs intéressés, qui, comme on le sent d'avance, ont conduit leurs imprimeries tout ainsi qu'on mène les usines. »

L'impression du livre de Momoro se ressent plus que toute autre du désordre des temps où il fut imprimé (1793), et ce n'est pas une des particularités les moins singulières de ce *Manuel de l'Imprimeur* que de réunir tous les genres de fautes et d'incorrection, comme si l'auteur l'avoit fait à dessein ou à plaisir. Ainsi dans ce même article ORTHOGRAPHE on lit : *ortographe* et *Resaut,* pour *Restaut;* et à l'article *Errata* on trouve cette définition : « C'est la *ratification* des fautes qui sont faites dans un livre. » (Page 163.)

CHARLES **CRAPELET**, imprimeur, né le 13 novembre 1762, décédé à Paris le 19 octobre 1809, âgé de quarante-sept ans.

Portrait lithographié.

Entré chez Pierre-Robert-Christophe Ballard en 1774, pour y faire l'apprentissage de l'imprimerie, prote de Jean-Georges Stoupe à l'âge de dix-huit ans, Charles Crapelet a exercé pendant seize ans comme maître imprimeur, de 1793 à 1809.

LISTE GÉNÉRALE

DES

IMPRIMEURS DE PARIS,

DEPUIS 1469 JUSQU'EN 1789.

LA liste générale contient les noms de toutes les personnes qui ont exercé l'imprimerie à Paris depuis l'époque de son introduction dans cette ville, en 1469, jusqu'en 1789. Elle ne présente que des noms et des filiations de noms, avec quelques rares indications particulières. Mais le but de cette liste, partagée en quatre époques, est de faire connoître à quel siècle appartiennent les Imprimeurs de Paris dont les éditions sont plus ou moins accréditées dans la Bibliographie. On pourra éviter, en y recourant, de prendre pour des imprimeurs italiens, ou des relieurs anglais, nos Estienne, nos Morel, nos Turnèbe, comme on l'a imprimé, il n'y a pas long-temps, à Paris [1].

Tous les noms qui figurent dans ces listes appartiennent à des familles qui ont exercé concurremment

---

[1] Cette méprise paroîtra bien moins excusable que celle que l'on a si souvent reprochée au bibliographe anglais Dibdin, qui a pris pour un relieur notre savant et célèbre amateur de livres Grollier, qui joignoit à ces titres ceux de trésorier-général de France, et de négociateur habile, sous François 1er.

l'imprimerie et la librairie, ou seulement l'imprimerie. Ils comprennent environ huit cents imprimeurs dans une période de plus de trois cents ans, tandis qu'en cinquante ans seulement il a passé plus du double de ce nombre d'imprimeurs à Paris. Il reste une lacune depuis les imprimeurs de 1789 jusqu'à ceux de 1809. Il n'est peut-être pas impossible de la remplir, et je désirerois pouvoir compléter un jour ce tableau des Typographes parisiens. Heureux si les noms de nos anciens maîtres peuvent réveiller le goût de la bonne et saine typographie, et exciter le désir de marcher sur leurs traces !

IMPRIMEURS DU XVᶜ SIÈCLE,

DEPUIS 1469 JUSQU'EN 1500.

SOUS LES RÈGNES DE LOUIS XI, 1461 ; CHARLES VIII, 1483 ; ET LOUIS XII, 1498.

ALIATE (*Alexandre*).

BADE (*Josse*).
BARRE (*Nicolas* DE LA).
BELIN (*Jean*).
BOCARD (*André*).
BONHOMME (*Aspais*).
BONHOMME (*Pasquier*), fils d'Aspais.
BONHOMME (*Jean* I), second fils d'Aspais.
BOUCHER (*Guillaume*).
BOUYER ou BOVYER (*Jean*).

CAILLAUT (*Antoine*).
CARCHAGNY (*Jean*).
CARON (*Pierre*).
CARON (*Guillaume*).
CESÁRIS (*Pierre*).
COLUMBARIA (DE). *Voyez* FRIBURGER.
COUTEAU (*Gilles*).
CRANTZ (*Martin*).

DRIARD (*Jean*).
DU PRÉ (*Jean*).

FRIBURGER (*Michel*), OU DE COLUMBARIA.

GERING (*Ulric*).
GERLIER (*Durand*).

HIGMAN (*Jean*).
HOPYL (*Wolfgang*).

JAMMART (*Claude*).
JANOT (*Denys* I). *Voyez* Liste II, JANOT.
JANOT (*Étienne*).

KERVER (*Thielman* I). *Voyez* Liste II, BONHOMME.

LAMBERT (*Jean*).
LAMBERT (*Paschal*).
LE DRU (*Pierre*).
LE NOIR (*Michel*).
LE ROUGE (*Pierre*).
LEVET (*Pierre*).

MACÉ (*Robinet*).
MARCHAND (*Pierre*).
MARCHAND (*Guy*).
MARNEF (*Geoffroy* DE).
MARTINEAU (*Louis*).
MAURAND (*Jean*).
MAYNIAL (*Guillaume*).
MÉNARD (*Jean*).
MITTELHUS (*Georges*).

NIDEL (*Antoine* DE).

PETIT (*Jean*), garde de la communauté des libraires et imprimeurs. —Libraire en 1493, il fut reçu impr. en 1530, avec le titre d'impr. de l'Université. La Caille dit qu'il étoit le libraire le plus actif de son temps, puisqu'il entretenoit les presses de plus de quinze imprimeries; Lottin dit de vingt imprimeries.

PETIT (*Laurens*).

PHILIPPI (*Jean*), de Cruczennach.

PHILIPPI (*Nicolas*), de Strasbourg.

PIGOUCHET (*Philippe*).

POUILLAC (*Pierre*).

REGNAULT (*François*).

REGNAULT (*Pierre*), fils de François.

REINHARDI (*Marc*).

REMBOLT (*Berthold*).

RICHARD (*Jean*).

SOLDAT (*Guillaume*).

STOL (*Jean*).

TRÉPEREL (*Jean*).

VOSTRE (*Simon*).

VOSTRE (*Nicole*), veuve de Simon.

VÉRARD (*Antoine*).

WOLF (*Georges*).

II.

IMPRIMEURS DU XVIᵉ SIÈCLE,

DEPUIS 1501 JUSQU'EN 1600.

SOUS LES RÈGNES DE LOUIS XII; FRANÇOIS Iᵉʳ, 1515; HENRI II, 1547; FRANÇOIS II, 1559; CHARLES IX, 1560; HENRI III, 1574; HENRI IV, 1589.

ADAM (*Jean*).

ALEXANDRE (*Nicolas*).

AMAZEUR (*Jean*).

ANABAT (*Guillaume*).

ANDRÉ (*Jean*), impr. de l'Université.

ANFRAY (*Étienne*).

ATTAIGNANT (*Pierre*), impr. pour la musique.

AUBRY (*Bernard*).

AUGEREAU (*Antoine*).

AUGRAIN (*Roger*).

AVRIL (*René*).

AUSSURD (*Antoine*).

BADE (les héritiers de *Josse*).

BADE (*Conrad*), fils de Josse.

BADE (*Pérette*), fille de Josse, veuve de Robert Estienne.

BALLARD (*Robert* 1), impr. du Roi pour la musique.

BARBON (*Nicolas*).

BICHON (*Guillaume*), impr. de la Ligue.

BIENAISE (*Jean*).

BIEN-NÉ (*Jean*).

BIEN-NÉ, veuve de Guillaume Morel et de Jean Bien-né en secondes noces.

BIERMAN *Georges*), de Bruges.

BIGNIER (*François*).

BIGNON (*Jean*).

BINET (*Denys*).

BIRKMAN (*François*), de Cologne.

BLADIS (*Antoine* DE).

BLAUBLOM (*Louis*), ou CYANÆUS.

BONHOMME (*Yolande*), veuve de Thielman Kerver.

BONNEMÈRE (*Antoine*).

BORDEAUX (*Jean* DE).

BOSSOZEL (*Guillaume* DE).

BOUCHET (*Jacques*).

BOULLÉ (*Guillaume*).

BRETON (*Richard*).

BREUILLE ou BREVILLE (*Mathurin*).

BRIÈRE (*Annet*).

BRÛLÉ (*Nicolas*).

BUON (*Gabriel*).

CALVARIN (*Prigent*).

CALVARIN (*Simon*).

CAVEILLER (*Étienne*).

CHARRON (*Jean* I).

CHARRON (*Jean* II), fils de Thibault Charron, libraire.

CHAUDIÈRE (*Guillaume*), impr. de la Ligue.

CHESNEAU (*Nicolas* I).

CHEVALLON (*Claude*).

CHEVALLON (*Gervais*).

CHEVALLON (veuve). *Voyez* GUILLARD.

CHEVILLOT (*Pierre*).

CHRESTIEN (*Nicolas*).

COLIN (*L.*).

COLINES ou COLINET (*Simon* DE).

COLINES (*Louis*).

COLINES (les héritiers de *Simon* DE).

CORNILLEAU (*Jean*).

COTTINET (*Denys*).

COTTINET (*Arnould* I), fils de Denys.

COUSIN (*Pierre*).

COUTEAU (*Nicolas*), premier fils de Gilles Couteau. *Voyez* ci-dessus Liste I.

COUTEAU (*Antoine*), second fils de Gilles Couteau.

COYPEL (*Henri*).

CRAMOISY (*Sébastien* I).

CRISPIN (*Jean*), Artésien.

CYANÆUS. *Voyez* BLAUBLOM.

DAVID (*Matthieu*).

DESBOIS (*Guillaume*).

DESBOIS, veuve de Guillaume Desbois. *Voyez* GUILLARD.

DESHAYES (*Pierre*).

DESPREZ (*Nicolas*).

DROUARD (*Guillaume*).

DU BOIS (*Simon*).

DU BREUIL (*Antoine*).

DU CHEMIN (*Nicolas*), impr. et graveur-fondeur pour la musique.

DU CHESNE (*François*).

DU COUDRET (*Laurent*).

DU FOSSÉ (*Nicolas*), premier syndic de la communauté, à sa formation en 1618.

DUGUERNIER (*Thomas*).

DUPRÉ (*Denys*).

DUPUIS (*Jean-Baptiste*).

ESTIENNE (*Henri* I).

ESTIENNE (veuve de *Henri*).

ESTIENNE, épouse en secondes noces de Simon de Colines.

ESTIENNE (*Robert* I), second fils de Henri I ; l'auteur du *Thesaurus linguæ latinæ*.

ESTIENNE, veuve de Robert I.

ESTIENNE (*Charles*), troisième fils de Henri i, et docteur en médecine.

ESTIENNE (*François*), premier fils de Henri i.

ESTIENNE (*Henri* ii), premier fils de Robert i ; l'auteur du *Thesaurus linguæ græcæ*.

ESTIENNE (*Robert* ii), second fils de Robert i.

ESTIENNE (*Denyse-Barbe*), veuve de Robert ii , épouse en secondes noces de Mamert Patisson.

ESTIENNE (*François* ii), troisième fils de Robert i.

ESTIENNE (*Robert* iii), premier fils de Robert ii.

ESTIENNE (*Paul*).

ESTIENNE (*Antoine*), premier fils de Paul, mort à Paris dans un hôpital, en 1674.

FERREBOÜE ou FERREBOVE (*Jacques*).

FEZANDAT (*Michel*).

FRADIN (*Constant*).

GARDE (*Jean* DE LA).

GAULTIER (*Pierre*).

GERLIER (*Durand* ii), fils de Durand i. *Voyez* ci-dessus GERLIER, Liste I.

GILLES (*Nicolas* iii), second fils de Gilles, libraire.

GIRARD (*Guillaume*).

GIRAULT (*François*).

GODARD (*Guillaume*).

GOURMONT (*Robert* DE).

GOURMONT (*Gilles* DE).

GRANDIN (*Louis*).

GRÉGOIRE (*Gabriel*).

GRÉGOIRE (*Jacques*).

GROMORS (*Pierre*).

GROMORS (*Anne*), veuve d'Olivier de Harsy.

GROULLEAU (*Étienne*).

GRYPHE (*François*), frère de Sébastien Gryphe, savant imprimeur de Lyon.

GUILLARD (*Charlotte*), veuve de Berthold Rembolt, son premier mari, et de Claude Chevallon en secondes noces.

GUILLARD (les héritiers de *Charlotte*).

GUILLARD (*Michelle*), veuve de Guillaume Desbois.

GUILLEMOT (*Daniel*).

GUIRY (*Nicolas*).

HARDOUYN (*Gilles*).

HARSY (*Olivier* DE).

HARSY (veuve *d'Olivier* DE).   *Voyez* GROMORS.

HERMIER (*Pierre*).

HICKMAN (*Damien*).

HITTORPI (*Godefroy*).

HORNKEN (*Louis*).

HUBY (*François*).

HURCHÉ (*Jean*).

HURY (*Pierre*).

JACQUIN (*François*).

JANOT ou JEHANOT (Jeanne de Marnef), veuve de Denys i Janot.

JANOT (*Denys* ii), fils de Denys i.

JULIEN (*Guillaume*), frère de Michel, libraire.

JURIANI (*Antoine*).

KEES (*Thomas*), de Wesel en Westphalie.

KERBRIANT (*Jean*).

KERVER (*Yolande* BONHOMME, veuve de).

KERVER (*Thielman* II), second fils de Thielman I Kerver. *Voyez* Liste I, KERVER.

LALYTEAU (*Jean*).
LA MOTTE (*Rodolphe*).
LAS (*Léger* DE).
LAS (veuve *Léger* DE).
LE BLANC (*Jean* I).
LE BLANC (*Jean* II), frère du précédent.
LE BLANC (*Antoine*).
LE BRET (*Pierre* I).
LE CLERC (*David* I).
LE FEBVRE (*Edmond*).
LE JEUNE (*François*).
LE MANGNIER (*Robert*).
LE MERCIER (*Pierre* I).
LE MESSIER (*Jacques*).
LE NOIR (*Philippe*).
LE RICHE (*Nicolas*).
LE ROI (*Pierre* I).
LE ROI (*Adrien*).
LE ROUGE (*Guillaume*).
LE ROYER (*Jean*), impr. ord. du Roi.
LE SAVETIER (*Nicolas*).
LE SAVETIER (*Jean*), fils du précédent.
L'ESCALLIER (*Jean*).
LESCLENCHER (*Michel*).
LE TELLIER (*Pasquier*).
LE VOIRIER (*Pierre*).
L'HUILLIER (*Pierre* I).

MAHEU (*Jean*).
MAILLARD (*Olivier*).
MALLARD (*Jean*).
MARCHAND (*Jean*).
MARIÉ (*Antoine*).
MARNEF (*Jean* I), frère de Geoffroy de Marnef. *Voyez* Liste I.

MARQUAN (*Simon*).
MASSELIN (*Robert*).
MASSELIN (*Marin*).
MÉNARD (*Thomas*).
MÉNIER (*Maurice*).
MÉNIER (*Pierre* I).
MÉRENGET (*Sulpice*).
MERLIN (*Guillaume*).
METTAYER (*Jean*), impr. ord. du Roi.
METTAYER (*Jamet*), impr. ord. du Roi.
MILLOT (*Didier*).
MOREL (*Guillaume*), impr. royal pour le grec.
MOREL (veuve de *Guillaume*).
MOREL (*Frédéric* I), interprète du Roi pour les langues grecque et latine; imprimeur ordinaire du Roi.
MOREL (*Frédéric* II), premier fils de Frédéric I; interprète du Roi ès langues, impr. ord. du Roi par la démission de son père; meurt doyen des professeurs royaux.
MORRHY (*Gérard*).

NÉOBAR (*Conrad*), le premier nommé impr. royal pour le grec par François Iᵉʳ.
NÉOBAR (*Emée* Tusan, veuve de), impr. royal pour le grec.
NIVELLE (*Sébastien*).
NIVELLE (*Nicolas*), fils du précédent, impr. de la Ligue.
NYVERD (*Jacques*).
NYVERD (*Guillaume* II), impr. ord. du Roi.

OLIVIER (*Jean*).
ONGOIS MORINION (*Jean* D').
ORRY (*Marc*).

PATISSON (*Mamert*), impr. du Roi.

Pautonnier (*Pierre*), impr. du Roi.
Périnet (*Jean*).
Philippe (*Gaspar*).
Planis (*Guillaume* des).
Ponchin (*Jacques*).
Porte (*Jean* de La).
Prevost (*Benoît*).
Prevost (*Fleury*).
Prevosteau (*Étienne*).

Ramier (*Pierre* ii).
Rathoire (*Pierre*).
Réal (*Jean*).
Regnault (*Magdeleine* Boursellé), veuve de François Regnault. *Voyez* Liste I, Regnault.
Rembolt (*Charlotte* Guillard, veuve de *Berthold*). *Voyez* Liste II, Guillard.
Roche (*Jean* de La).
Roffet (*André*).
Roffet (*Ponce*).
Rogard (*Jacques*).
Roget (*Charles*).
Roigny (*Jean* de).
Roüille ou Roville (*Philippe-Gauthier* de).
Roux (*Richard*).

Saunier (*Adam*).
Senneton (*Claude*), de Lyon.
Sergent (*Pierre*).
Sévestre (*Pierre* i).
Sonnius (*Michel* i).
Strasbourg (*Jean* de).
Syrach (*Agnan*).

Thiboust (*Guillaume*), libraire et imprimeur de l'Université ; graveur et fondeur de caractères.
Thierry (*Henri*).
Thierry (*Rolin*), impr. de la Ligue.
Tréperel (veuve de *Jean*).
Turnèbe (*Adrien*), professeur du Roi en langue grecque ; impr. royal pour le grec.

Vascosan (*Michel*), impr. du Roi.
Vaterloês (*Jean*).
Vidoüe ou Vidove (*Pierre*).

Waultier (*Nicolas*).
Wéchel (*Chrétien*).
Wéchel (*André*), fils du précédent.
Wéchel (les héritiers d'*André*).
Wolfgang. *Voyez* Hopyl, Liste I.
Vostre (*Nicole*).

III.

IMPRIMEURS DU XVIIe SIÈCLE,

DEPUIS 1601 JUSQU'EN 1700.

SOUS LES RÈGNES DE HENRI IV JUSQU'EN 1610; LOUIS XIII, 1614; LOUIS XIV, 1643 A 1700.

Adam (*Guillaume*).

Adam, veuve de Guillaume.

Alexandre (*Denys*).

Alliot (*Gervais*).

Anisson (*Jean*), directeur de l'Impr. royale établie au Louvre en 1640, sous le ministère du cardinal de Richelieu.

Aubouyn (*Pierre* i).

Aubray (*Sébastien*).

Bacot (*Adrien*).

Baillet (*Pierre*).

Balagny (*Jean*).

Ballard (*Lucrèce* Le Bé), veuve de Robert i. *Voyez* Liste II, Ballard.

Ballard (*Pierre* i).

Ballard (*Robert* ii), seul impr. du Roi pour la musique.

Ballard, veuve de Robert ii.

Ballard (*Christophe*), premier fils de Robert ii.

Ballard (*Jean-Baptiste-Christophe*), premier fils de Christophe.

Ballard (*Pierre* ii), second fils de Robert ii.

Barboté (*Jean*).

Bardin (*Pierre*).

Baudry (*René*).

Beauplet (*François*).

Bécqueret (*Charles* ii).

Bellien (*Jean*).

Berjon (*Jean*).

Berjon, fille de Jean. *Voyez* ci-après Martin (*Jean*).

Bessin (*Jacques* i).

Bessin (*Jean*).

Bessin (*Jacques* ii).

Bessin (*Nicolas*), second fils de Jacques i.

Bilaine (*Louis*).

Blageart (*Jérôme*).

Blageart, veuve de Jérôme.

Blageart (*Claude*), fils de Michel Blageart, libraire.

Blaisot (*Gilles* i).

Blaisot (*Gilles* ii).

Blanvillain (*Heureux*).

Bordeaux, veuve de *Jean* de. *Voyez* Liste II, Bordeaux.

Bouhours (*Jean*).

Bouillerot (*Joseph*).

Bouillerot (*Jérémie* iii).

Bourriquant (*Jean*).

Bouteiller (*Toussaint*).

Brunet (*Michel* i).

Buray (*Pierre*).

Callemont ou Callémot (*Nicolas*), impr. du Roi.

Callemont, veuve de Nicolas, impr. du Roi.

Calleville (*Claude* i).

Camusat (*Jean*), impr. de l'Académie française.

Camusat (*Denyse* Courbé), veuve de Jean, imprimeur de l'Académie française.

Carrière (*Jean* de La).

Cellier (*Claude* ii).

Chambellan (*David*).

Champenois (*Antoine*).

Chapelain (*Charles*).

Chardon (*Étienne*).

Chenault (*Charles* ii).

Chenault (*Denys*), premier fils de Charles ii.

Chrétien (*Antoine* ii), premier imprimeur-juré, libraire de l'Université.

Cisterne (*Guillaume*).

Coignard (*Charles* i).

Coignard (*Jean-Baptiste* ii), libraire et impr. ordinaire du Roi et de l'Académie française.

Collombat (*Jacques*), impr. du Cabinet du Roi.

Coste (*Jean* de la).

Cottereau (*Joseph*).

Cottinet (*Jacques*), second fils d'Arnould i. *Voyez* Liste II, Cottinet.

Courbé (*Augustin*), impr. de Monsieur.

Cramoisy (*Sébastien* ii), premier directeur de l'Impr. royale au Louvre, en 1640.

Cramoisy (*André*), premier fils de Claude i, libraire.

Cusson (*Jean-Baptiste*).

Daufresne (*Robert*).

Delon (*Pierre*).

Desprez (*Guillaume*).

Du Carroy (*Jean*).

Du Carroy (*François*).

Du Clou (*Jacques*).

Du Clou, veuve de Jacques.

Du Pin (*Nicolas*).

Durand (*Pierre*), impr. de l'Université et du prince de Condé.

Du Val (*Denys* iii). Les autres Du Val étoient libraires seulement.

Emery (*Pierre-François*).

Esclassan (*Pierre*), associé de la veuve Claude Thiboust.

Estienne (*Paul*), premier fils de Henri ii Estienne.

Estienne (*Gervais*), premier fils de François ii Estienne.

Estienne (*Antoine*), premier fils de Paul.

Estienne (*Adrien*), second fils de François ii.

Estienne (*Henri* iii), troisième fils de Robert ii; interprète du Roi ès langues grecque et latine; trésorier des bâtimens du Roi.

Estienne (*Joseph*), second fils de Paul. Reçu à Paris, et depuis imprimeur à La Rochelle, où il mourut de la peste.

Estienne (*Robert* iv), second fils de Henri iii Estienne.

Estienne (*Pierre*), premier fils d'Adrien.

Estienne (*Jean-Jacques*), premier fils d'Antoine.

Estienne (*Henri* iv), second fils d'Antoine.

Estienne (*François* iv), second fils d'Antoine.

Estienne (*Jérôme*), second fils d'Adrien. *Voyez* le *Tableau généalogique* de cette famille d'imprimeurs, dans les *Annales de l'Imprimerie des Estienne*, par Ant.-Aug. Renouard, iiᵉ Part., in-8°, 1838.

Estienne (*Jacques*), d'une autre famille qui a exercé seulement la librairie depuis 1688.

Fournot (*Antoine*).
Fréval (*Jean* de).

Gandouin (*Julien*).
Gaultier (*Philippe*).
Giffard (*René*), second fils de Guido.
Giffard (*Louis*), troisième fils de Guido.
Gobert (*Martin*).
Guerreau (*Joseph*).
Guillery (*Jacques*).
Guillery (*Charles*), second fils de Jacques.

Hénault (*Mathurin*).
Hérissant (*Jacques*).
Honervogt (*Jacques*).

Janon (*Jean*).
Jollet (*Daniel*).
Josse (*Jacques*).
Josset (*Élie*).
Journel (*Christophe*).

Julien (*Louis* i).

Julien (*François*), troisième fils de Louis i Julien.

Julliot (*François*).

La Caille (*Nicolas* de).

La Caille (*Jean* i), impr. ord. du Roi, et premier impr. de la Police.

La Caille (*Jean* ii), premier fils de Jean i de La Caille; l'auteur de l'*Histoire de l'Imprimerie et de la Librairie de Paris*.

La Caille (*Robert-Jean-Baptiste*).

Lambin (*Christophe*).

Lambin (*Antoine*), premier fils de Christophe.

Lambin (*Marie* Chartier), veuve de Christophe.

Lambin (*Henri*).

Langlois (*Denys* i).

Langlois (*Jacques* i), fils de Denys.

Langlois (*Denys* ii), troisième fils de Denys i.

Langlois (*Simon* i), quatrième fils de Denys i.

Langlois (*Nicolas* i), fils de François Langlois, libraire.

Langlois (*Simon* ii), fils de Denys iii.

Laquehay (*Jean*).

La Vigne (*Nicolas* de).

Le Bé (*Guillaume* ii), fils de Guillaume i, libraire, graveur et fondeur de caractères.

Le Febvre (*Jacques*).

Le Long (*François*).

Le Mercier (*Pierre* ii).

Le Mercier (*Anne*), fille d'Étienne Chamault, veuve de Pierre ii Le Mercier.

Le Mercier (*Pierre-Augustin*), fils de Pierre ii.

Le Mur (*Pierre*).

Léonard (*Frédéric* i).

Le Petit (*Pierre*), impr. ord. du Roi, et de l'Académie française.

Le Prest (*Martin*).

Le Roi (*Claude*).

Mabre-Cramoisy (*Sébastien*), petit-fils maternel de Sébastien ii Cramoisy; directeur de l'Imprimerie royale.

Mabre-Cramoisy, fille de Sébastien ii Cramoisy, veuve de Mabre; directrice de l'Imprimerie royale.

Marette (*Claude*).

Martin (*Edme* i).

Martin (*Bertrand*).

Martin (*Jean*).

Martin (*Edme* ii), fils d'Edme i.

Martin (veuve d'Edme ii),

Martin (*Gabriel*), fils d'Edme ii.

Méjat (*Jean*).

Mercier (*Pierre* ii), fils de Pierre i. *Voyez* Liste II.

Mestais (*Jean*).

Mettayer (*Pierre*), frère puîné de Jean et Jamet Mettayer; impr. ord. du Roi. *Voyez* Liste II.

Michalet (*Étienne*).

Mongobert (*Pierre* de).

Moreau (*Pierre*), écrivain juré, inventeur d'un caractère imitant l'écriture bâtarde. Reçu imprimeur en 1640, pour imprimer avec cette sorte de caractères seulement. Un jugement lui interdit de vendre lui-même ses livres.

Moreau (veuve de *Pierre*).

Moreau (*Jean* iii). Reçu impr. en 1698, interdit en 1703; rétabli et confirmé en 1708.

Morel (*Charles*), premier fils de Claude i, libraire; impr. ord. du Roi.

Morel (*Gilles*), troisième fils de Claude i; impr. ord. du Roi.

Il y a eu quatre familles différentes de Morel qui ont exercé l'imprimerie et la librairie.

Morlot (*Claude*); condamné à mort en 1649 pour avoir imprimé une satire contre la Reine, il fut sauvé par le peuple.

Muguet (*François*), originaire de Lyon; impr. ord. du Roi et du Clergé de France.

Muguet (*François-Hubert*), second fils de François.

Négo (*Jean-Baptiste*).

Négo (*Claude*), fils de Jean-Baptiste.

Orry (*Jeanne* Mettayer), veuve de Marc Orry. *Voyez* Liste II, Orry.

Paslé (*Jean*).

Patisson (*Denyse-Barbe*), veuve de Robert ii Estienne, et de Mamert Patisson en secondes noces.

Patisson (*Philippe*), fils de Mamert.

Paulus du Mesnil (*Gilles*).

Percheron (*Claude*).

Perrin (*Étienne*).

Petit-Pas (*André*), fils de Jean, libraire.

Pommeray (*François*).

Poullart (*Jacques*).

Prevost (*Claude*), impr. du Roi.

Preuveray (*Jacques*).

Prignard (*Claude*).

Rebuffé (*Pierre*).

Rebuffé (*Maurice*), frère de Pierre.

Regnoul (*Jean*).

Richer (*Jean* ii).

Richer (*Estienne* ii), second fils de Jean i Richer, libraire-juré en 1573; suivit Henri iv à Tours.

Robinot (*Antoine* i).

Robinot (*Antoine* ii), fils du précédent.

Rocolet (*Pierre*), impr. ord. du Roi.

Rolland (*Lambert*).

Rondet (*Laurent* i), originaire d'Angleterre.

Rondet (*Anne* Bourdon), veuve de Laurent i.

Rousset (*Nicolas*).

Ruffin (*Henri*).

Saint-Aubin (*Jean* de).

Sara (*Henri*).

Sara (*Robert*).

Saradin (*François*).

Sassier (*Guillaume*).

Saugrain (*Guillaume* i).

Senlecque (*Jacques* de).

Senlecque (*Gyrande* du Bray), veuve de Jacques de Senlecque.

Senlecque (*Jacques* iii), fils de Jacques ii.

Senlecque (*Marie* Manchon), veuve de Jacques iii.

Senlecque (*Louis*), premier fils de Jacques iii.

Sevestre (*Thomas*), fils de Louis i, libraire.

Sevestre (*Charles* i), premier fils de Thomas i.

Sevestre (*Charles* ii), premier fils de Charles i.

Sevestre (*Louis* iii), second fils de Louis ii, libraire.

Sevestre (*Thomas* ii), second fils de Charles i.

Sevestre (*Pierre* ii), troisième fils de Louis ii.

Sevestre (*Louis* iv), fils de Louis iii.

Soly (*Martin*).

Soubret (*Remi*).

Targa (*François* i).

Targa (*Pierre* i).

Thiboust (*Samuel*), fils de Guillaume, libraire-impr. de l'Université, graveur et fondeur.

Thiboust (*Jeanne-Guillemot*), veuve de Samuel, libraire et impr. de l'Université, graveur et fondeur.

Thiboust (*Claude*), fils de Samuel; mêmes titres que les précédens.

Thiboust (*Magdeleine*), fille de Thevenon, veuve de Claude; mêmes titres.

Thiboust (*Claude-Louis*), fils posthume de Claude; mêmes titres.

Thierry (*Denys* ii). L'ambassadeur de Maroc visita son imprimerie en 1682.

Thomas (*Jean* i).

Thomas (*Jean* ii), fils du précédent.

Thomas (*François*), fils du précédent.

Tompère (*Jean* i).

Tompère (*Jean* ii), fils du précédent.

Tompère (*Gilles*), second fils de Jean i.

Tompère, veuve de Gilles.

Trichard (*Jacques*).

Variquet (*Pierre*).

Vérue (*Martin*).

Villery (*Jacques* ii), second fils de Jacques i, libraire.

VILLERY (*Maurice*), troisième fils de Jacques I.

VITRÉ (*Antoine*), imprimeur ordinaire du Roi pour les langues orientales,
et du Clergé; Directeur de l'Hôpital-général.

VITRÉ (*Marin*), fils de Barthélemy, frère d'Antoine Vitré.

IV.

IMPRIMEURS DU XVIIIe SIÈCLE,

DEPUIS 1701 JUSQU'EN 1789.

SOUS LES RÈGNES DE LOUIS XIV JUSQU'EN 1715; LA RÉGENCE, 1715 A 1723; LOUIS XV, 1723; LOUIS XVI, 1774 A 1793.

ANISSON (*Louis-Laurent*), directeur de l'Imprimerie royale en 1723.

ANISSON-DUPÉRON (*Jacques-Louis-Laurent*), de Lyon, frère de Louis-Laurent; directeur de l'Imprimerie royale en 1733.

ANISSON-DUPÉRON (*Étienne-Alexandre-Jacques*), fils de Jacques-Louis-Laurent; directeur de l'Imprimerie royale en 1783.

BALLARD, veuve de Jean-Baptiste-Christophe.

BALLARD, veuve de Pierre II.

BALLARD (*Christophe-Jean-François*).

BALLARD (*Marie-Anne-Geneviève*), fille de Gilles-Paulin Dumesnil, seule imprimeur du Roi pour la musique.

BALLARD (*Pierre-Robert-Christophe*).

BARBOU (*Joseph*).

BARBOU (*Anne-Antoinette* Beville), veuve de Joseph.

BARBOU (*Joseph-Gérard*), neveu.

BAUDOUIN (*François-Jean*).

BOUDET (*Antoine*), impr. du Roi.

BRUNET (*Bernard*), troisième fils de Michel III, libraire.

BRUNET (*Marie-Catherine-Angélique* Regnard), veuve de Bernard; impr. de l'Académie française.

BRUNET (*Jacques-Bernard*), fils de Bernard; imprimeur de l'Académie française.

BULLOT (*Joseph*).

BUTARD (*Jacques-Hubert*).

CAILLEAU (*André-Charles*).

CAILLOU (*Charles*), second fils de Gui Caillou, libraire.

CELLIER (*Claude* II), fils d'Antoine, libraire.

CELLOT (*Louis-Marie*).

CHARDON (*Jacques*), fils d'Étienne. *Voyez* Liste III, CHARDON.

CHARDON (*Jean-François-Louis*).

CHÉNAULT (*Charles-Étienne*), second fils de Charles II. *Voyez* Liste III.

Chrestien, veuve d'Antoine ii.

Clousier (*Jacques-Gabriel*), impr. ordinaire du Roi.

Coignard (*Louis*), second fils de Jean-Baptiste. *Voyez* Liste III.

Coignard (*Jean-Baptiste* iii), premier fils de Jean-Baptiste ii ; impr. ord. du Roi et de l'Académie française ; depuis, secrétaire du Roi.

Collin (*Magdeleine-Michelle*), fille de Denys Alexandre, veuve de Louis.

Collombat, fille de Claude i De Hansy, veuve de Jacques ; impr. du Cabinet du Roi.

Collombat (*Jacques-François*), fils de Jacques ; impr. du Cabinet du Roi.

Collombat (*Jacqueline* Tarlé), veuve de Jacques-François ; même titre que le précédent.

Collombat (*Jean-Jacques-Étienne*), même titre.

Cot (*Pierre*).

Cot, veuve de Pierre.

Coustelier (*Antoine-Urbain* i).

Coustelier (*Marie* Mérigot), veuve d'Urbain i.

Couturier (*Denys-Clément*).

Couturier (*Marie-Geneviève* Viard), veuve de Denys-Clément.

Couturier (*Pierre-Denys*), fils de Denys-Clément.

David (*Christophe* ii), second fils de Michel David, libraire.

David, veuve de Christophe ii.

De Bats (*Imbert*).

De Bure (*François-Jean-Noël*).

Delaguette (*François*).

Delaguette (*Marie-Anne* Osmond), veuve de François Delaguette.

Delaguette (*Pierre-Méri*).

Delaguette (demoiselle Knapen), veuve de Pierre-Michel.

De La Tour (*Louis-Denys*).

De La Tour (*Marie-Anne* Mérigot), veuve de Louis-Denys.

De La Tour (*Louis-François*), impr., et depuis secrétaire du Roi.

Delaulne (*Pierre* ii).

Delaulne, veuve de Pierre ii.

Delaulne (*Florentin*), premier fils de Pierre i, libraire.

Delaulne (*Marie-Magdeleine*), veuve de Florentin.

Delespine (*Jean-Baptiste-Alexandre*), imprimeur ordinaire du Roi.

Delespine (*Charles-Jean-Baptiste*), fils du précédent.

Delormel (*Pierre*).

Delormel (*Anne-Marguerite* Lamesle), veuve de Pierre.

Delormel (*Pierre-Nicolas*), impr. de l'Académie royale de Musique.

De Lusseux (*Jacques*).

Desaint (*Jean-Charles*).

Desprez (*Catherine* Mangeant), veuve de Guillaume iᵉʳ.

Desprez (*Guillaume* ii), imprimeur ordinaire du Roi.

Desprez (*Guillaume-Nicolas*), fils de Guillaume ii ; imprimeur ordinaire du Roi et du Clergé.

D'Hôtelfort (*Louis-Jacques*).

D'Houry (*Laurent*) ; a présenté à Louis xiv le premier *Almanach royal,* en 1699.

D'Houry (*Élisabeth* Du Bois), veuve de Laurent.

D'Houry (*Charles-Maurice*), fils de Laurent.

D'Houry (*Marie-Élisabeth* Laisné), veuve de Charles-Maurice.

D'Houry (*Laurent-Charles*), fils de Charles-Maurice.

D'Houry (demoiselle Néra), veuve de Laurent-Charles.

Didot (*François*).

Didot (*Marguerite*), fille de Claude-Sébastien Ravenel, veuve de François Didot.

Didot (*François-Ambroise*), graveur et fondeur; imprimeur-adjoint du Clergé de France.

Didot (*Pierre-François*), second fils de François; impr. de Monsieur, frère du Roi.

Gandouin, fille de Gervais Clousier, veuve de Julien.

Gandouin. *Voyez* Liste III.

Gibault (*Jean-François*).

Gibault (*François*), fils du précédent.

Gissey (*Pierre*).

Gissey (*Henri-Simon-Pierre*), fils du précédent.

Gonichon (*Jean-Baptiste*).

Gosselin (*Nicolas*).

Grangé (*Jean-Augustin*), fils de Jean-François, libraire.

Grou (*Jacques-François*), second fils de Jacques I, libraire; déchu de son imprimerie en 1714, et réintégré dans la même année.

Grou (*Catherine* Caillou de La Croix), veuve de Jacques-François.

Gueffier (*Pierre-François*).

Guénard de Monville (*Antoine*), impr. de l'Académie française.

Guérin (*Hippolyte-Louis*).

Guérin (*Jacques*), second fils de Louis, libraire.

Guillery (*Élisabeth* Négo), veuve de Charles Guillery.

Hérissant (*Claude-Jean-Baptiste* I).

Hérissant (*Jean-Thomas* I), seul imprimeur des Cabinet, Maison et Bâtimens du Roi.

Hérissant (*Marie-Nicole*), fille de Jacques I Estienne, veuve de Jean-Thomas; mêmes titres que son mari.

Hérissant (*Charles-Jean-Baptiste* II), fils de Claude-Jean-Baptiste I.

Hérissant (*Charlotte* Barbry), veuve de Claude-Jean-Baptiste II.

Hoffman (*François-Ignace-Joseph*), ancien bailli de Benfeld, près de Strasbourg.

Hoffman (*François-Antoine-Romain-Joseph*), fils du précédent; tous deux reçus imprimeurs à la Chambre, par arrêt du Conseil du 5 décembre 1785. Aux termes de l'arrêt, ils ne pouvoient imprimer que des planches ou formes polytypées par un procédé dont ils se disoient les inventeurs. Cette imprimerie fut supprimée par un autre arrêt du Conseil en 1787.

Huart (*Pierre-Michel*), imprimeur de la Reine et du Dauphin.

Huart (*Charles*), frère du précédent.

Huguier (*Charles*).

Huguier, veuve de Charles.

Janot (*Gabriel-Joseph*).

Janot (*Anne-Marguerite* Michelin), veuve de Gabriel-Joseph Janot.

Jollet (fille de *Clémence* Gasse), veuve de Daniel Jollet.

Jombert (*Charles-Antoine*).

Jorry (*Sébastien*).

Jorry (*Marie-Marguerite* Le Fèvre), veuve de Sébastien Jorry.

Jorry (*Louis*), fils de Sébastien, impr. du Dauphin et des Enfans de France.

Josse (veuve de *Jacques*). *Voyez* Liste III.

Journel (veuve de *Christophe*). *Voyez* Liste III.

Jouvenel (*Georges*), fils de Martin Jouvenel, libraire.

Jouvenel (*Martin - Georges*), fils de Georges.

Knapen (*Jean-François*).

Knapen (*Marie - Marguerite* Négo), veuve de Jean-François.

Knapen (*André*), fils de Jean-François.

Knapen (*Marguerite* Van Anderat), veuve d'André.

Knapen (*André-François*), fils d'André.

Knapen (*Achille-Maximin-Philogone*), fils d'André-François , imprimeur concurremment avec son père.

Laisnel (*Barthélemy*).

Lambert (*Michel*).

Lambert (demoiselle Barbieux), veuve de Michel Lambert.

Lambin (*Marie* Carlu), veuve de Henri.

Lamesle (*Gilles* i).

Lamesle (veuve de *Gilles* i).

Lamesle (*Jean-Baptiste*), premier fils de Gilles i.

Lamesle (*Jeanne-Marguerite* Cuquel), veuve de Jean-Baptiste.

Lamesle (*Jean*), second fils de Gilles i.

Lamesle (*Gilles* ii), premier fils de Jean-Baptiste Lamesle.

Langlois (*Marie-Magdeleine* Huart), veuve de Simon ii Langlois. *Voyez* Liste III.

La Porte (*Antoine-Louis-Guillaume-Catherine*), de Toulouse.

Le Breton (*André-François*) , impr. ordinaire du Roi.

Le Breton (*Marguerite* Vaux), veuve d'André-François.

Le Febvre (fille de *Nicolas* Pépingué), veuve de Jacques Le Febvre. *Voyez* Liste III.

Le Mercier(*Marguerite* Lambin), veuve de Pierre-Augustin. *Voy.* Liste III.

Le Mercier (*Pierre-Gilles*).

Le Mercier (*Élisabeth* Boudet), veuve de Pierre-Gilles Le Mercier.

Le Prieur (*Pierre-Alexandre*), impr. ord. du Roi ; puis secrétaire du Roi.

Lottin (*Philippe-Nicolas*).

Lottin (*Augustin-Martin*), impr.-libr. du Roi et du Dauphin ; auteur du *Catalogue chronologique des librai-res et des libraires-imprimeurs de Paris,* 1789.

Lottin de Saint-Germain (*Jean-Roch*), impr. concurremment avec Aug.-Martin Lottin.

Mariette (*Pierre-Jean*), fils de Jean, libraire. Secrétaire du Roi, après s'être démis de son imprimerie, en 1750 ; auteur du traité des *Pierres précieuses gravées du Cabinet du Roi,* 2 vol. in-fol.

Mazières (veuve de *Raimond*), libraire avec le titre d'impr. de la Reine et de la Dauphine, sans exercice.

Mazuel (*Laurent*), troisième fils de Nicolas Mazuel, libraire.

Mergé (*Pierre*).

Mergé (*Françoise* De La Caille), veuve de Pierre.

Mesnier (*Alexis-Xavier-René*).

Montalant (*François*).

Moreau (veuve de *Jean* iii).

Moreau (*Jean-Franç.*), fils de Jean iii.

Moreau (*Catherine-Françoise* Pepie) , veuve de Jean-François.

Moreau (*Nicolas-François*), fils de Jean-François.

Morin (*Benoist*).

Moutard (*Nicolas-Léger*), imprimeur de la Reine.

Muguet (*Catherine* Pilé), veuve de François Muguet.

Nyon (*Nicolas-Henri*), impr. du Parlement, du Bailliage, de la Connétablie, de l'Amirauté, des Eaux et Forêts de France, etc., etc.

Osmont (*Jacques-Philippe-Charles*).

Paulus du Mesnil (*Magdeleine* Le Mercier), veuve de Gilles Paulus du Mesnil.

Paulus du Mesnil (*Pierre-Augustin*), fils de Gilles.

Paulus du Mesnil (*Geneviève* Le Breton), veuve de Pierre-Augustin.

Pierres (*Philippe-Denys*), premier imprimeur ordinaire du Roi et de l'Assemblée des Notables à Versailles.

Prault (*Pierre*).

Prault (*Laurent-François* i), impr. ordinaire du Roi.

Prault (*Louis-François*), premier fils de Laurent-François; imprimeur ordinaire du Roi.

Prignard (*Marie-Thérèse* Langlois), veuve de Claude.

Quillau (*Jacques*), petit-fils de Pierre, libraire en 1660.

Quillau (*Gabriel-François*), fils de Jacques.

Quillau (*Agathe* Cars), veuve de Gabriel-François Quillau.

Le fils de Gabriel-François Quillau, libraire, établit en 1788, rue Christine, le premier *cabinet littéraire* pour recevoir des lecteurs.

Quillau (*François-Augustin*), second fils de Gabriel-François; imprimeur de la Faculté de Médecine.

Rebuffé, veuve de *Maurice*.

Regnard (*Antoine-Louis*), imprimeur de l'Académie française, en 1767.

Regnard (*Marie-Catherine-Angélique*), veuve en secondes noces d'Antoine-Louis Regnard; impr. de l'Académie française.

Rigaud (*Claude* ii), de Lyon, directeur de l'Imprimerie royale en 1705; se démit en faveur de Louis-Laurent Anisson, son neveu.

Robustel (*Claude*).

Robustel (*Marguerite-Louise* Huart), veuve de Claude.

Robustel (*Jean-François*), premier fils de Claude Robustel.

Rondet (*Laurent* ii), syndic-adjoint qui harangua en latin le Recteur de l'Université, le 9 mars 1726, à l'occasion de la prestation de serment de tous les libraires et imprimeurs.

Rondet (*Edmée-Jeanne-Françoise* Boudot), veuve de Laurent ii.

Saugrain (*Joseph* ii), fils de Joseph i, libraire.

Séguy de Sauveterre, ou Séguy Thiboust (*Antoine*), impr. de l'Université en 1788.

Sévestre (*Louis-Anne*), premier fils de Louis iv, imprimeur.

Sévestre (*Jean-Florent*), quatrième fils de Louis iv.

Simon (*Pierre*), imprimeur du Clergé de France, du Parlement et de l'Archevêque.

Simon (*Pierre-Guillaume*), fils du précédent; mêmes titres.

Simon (*Claude*), d'une autre famille que les précédens.

Simon (*Marie-Anne* Talegrand), veuve de Claude.

Simon (*Claude - François*), fils de Claude i, impr. de la Reine, du prince de Condé, de l'Archevêque et de la Faculté de Théologie.

Simon (*Élisabeth* Des Hayes), veuve de Claude-François ; mêmes titres que son mari.

Simon (*Claude* ii), fils de Claude-François ; mêmes titres.

Stoupe (*Jean-Georges-Antoine*).

Thiboust (*Claude - Charles*), fils de Claude-Louis ; graveur, fondeur et impr. du Roi et de l'Université.

Thiboust (demoiselle de Maisonrouge), veuve de Claude-Charles Thiboust ; mêmes titres.

Thierry (*Élisabeth* Raguin), veuve de Denys ii.

Valade (*Jacques-François*), de Toulouse.

Valade (veuve de *Jacques-François*).

Valade (*Jean-Jacques-Denys*), fils de Jacques-François.

Valleyre (*Guillaume - Amable* i), maître-ès-arts, professeur de l'Université de Paris.

Valleyre (*Magdeleine* Ganière), veuve de Guillaume-Amable i.

Valleyre (*Gabriel*), fils des précédens.

Valleyre (*Jean-Baptiste-Paul*), premier fils de Gabriel.

Valleyre (*Nicolas-François*), second fils de Gabriel.

Vatar (*Rose-Françoise* De La Roche), veuve de Jacques-Julien, libraire.

Villery (veuve de *Maurice*). *Voyez* Liste III.

Vincent (*Jacques*), impr. des États de Languedoc.

Vincent (*Marie* de Bury), veuve de Jacques.

Vincent (*Philippe*), fils de Jacques, impr. des États de Languedoc, du duc de Bourgogne, frère aîné de Louis XVI, et impr. de Monsieur.

LISTE DES TRENTE–SIX IMPRIMEURS

EXERÇANT A PARIS EN 1789.

Ballard (veuve de *Christophe-Jean-François*).

Ballard (*Pierre-Robert-Christophe*), son fils, ayant le droit d'exercer concurremment avec sa mère.

Barbou (*Joseph-Girard*).

Baudouin (*François-Jean*).

Cailleau (*André-Charles*).

Cellot (*Louis-Marie*).

Chardon (*Jean-François-Louis*).

Clousier (*Jacques-Gabriel*).

Couturier (*Pierre-Denys*).

De Bure. *Voyez* ci-après D'Houry,

Delaguette (veuve de *Pierre-Méri*).

Delormel (*Pierre-Nicolas*).

Desaint (*Jean-Charles*).

Desprez (*Guillaume-Nicolas*).

D'Houry (veuve de *Laurent-Charles*).

De Bure (*François-Jean-Noël*), gendre de madame d'Houry, ayant le droit d'exercer concurremment avec sa belle-mère.

Didot (*François-Ambroise*).

Didot (*Pierre-François*).

Grangé (*Jean-Augustin*).

Gueffier (*Pierre-François*).

Guénard de Monville (*Antoine*).

Hérissant (veuve de *Jean-Thomas*).

Hérissant (veuve de *Claude-Jean-Baptiste* ii).

Jorry (*Louis*).

Knapen (*André-François*).

Knapen (*Achille - Maximin - Philogone*), ayant le droit d'exercer concurremment avec son père.

Lamesle (*Gilles* ii).

Laporte (*Antoine - Louis - Guillaume-Catherine*).

Lottin l'aîné (*Augustin-Martin*).

Lottin, de Saint-Germain-en-Laye, (*Jean - Roch*), ayant le droit d'exercer concurremment avec Augustin-Martin, son cousin.

Moutard (*Nicolas-Léger*).

Nyon (*Nicolas-Henri*).

Pierres (*Philippe-Denys*).

Prault (*Louis-François*).

Quillau (*François-Augustin*).

Seguy-Thiboust (*Antoine*).

Simon (*Claude* ii).

Stoupe (*Jean-Georges-Antoine*).

Valade (veuve de *Jacques-François*).

Valleyre (*Jean-Baptiste-Paul*).

Valleyre (*Nicolas-François*).

www.ingramcontent.com/pod-product-compliance
Ingram Content Group UK Ltd.
Pitfield, Milton Keynes, MK11 3LW, UK
UKHW020212130726
13696UKWH00002B/869